本願と意欲

平野　修

法藏館

本願と意欲　目次

現代における浄土教の意義――9
問題の所在　9
問題を考える手がかり　18
念仏は生活指針　23
法然上人の教えを聞いた人たち　25
生活に響かない念仏　33
本願を根拠として生きる――43
本願の二つの流れ　43
本願の出どころ　50
真実からの要求　58
阿弥陀仏を本尊とする意味――67

仏陀釈尊　67
報　身　75
差別の根源　77
平等の法のはたらき　82
本願成就　87
仏おわします　90

共に生きる世界を開く————96

食べる権利　96
権利としての宗教　102
路傍の人　106
ふくらんだ風船　111
真と仮と偽　115
通じ合う世界　119

衆生の要求と如来の本願　125
あとがき　129

本願と意欲

現代における浄土教の意義

問題の所在

「本願と意欲」というテーマが立てられておりますけれども、こういうテーマが出てきたことには、いろいろな意味があると思います。寺院にいて生活しているけれども、どうも意欲があまり持てない。いろいろしなければならないことがたくさんあるようだが、どうもそういう気が起こらない。そして、なんとなく日が過ぎてしまって、このままでは、どうにもならないのではないか。何かこういうことを切り開いていくきっかけはないであろうかということから、「本願と意欲」という題が出てきているのではないかと思うのです。

こういう事情は、必ずしも大阪だけの問題ではありません。実は、金沢の方で教学研究室ということを開催いたしましたのも、宗門関係の学校を出て自坊に戻り、そこではいろんな事情がありますけれども、まだ住職が元気な場合は、ほんの手伝いのような程度で、取り立てて何をするということもない。それぞれに学校で論文を書いたり、課題レポートを作成して、その時には、少なくとも自分が寺院に関わったときには、こうしていきたい、こういうことを門徒と一緒にやっていきたいという希望はあったのでしょう。それが、学校を出て自坊に戻られるとだんだんと薄れて、真宗聖典もめったなことでは開かなくなっている。これでは、せっかく学んできたことが、学んだということにならない。そういう寺院に居る若い人たちに、なんとかもう一度学びの場を提供できないものであろうか。そして、その学びの内容も、大学という場所での、あるいは専門施設での学びということではなくて、寺院で生活した場合に避けて通れない問題を取り上げてみようではないか。そういうことから、いくつかの課題を取り上げました。

一つは、我々は浄土真宗ということですから、宗祖親鸞という言い方をします。そして毎年寺院も門信徒も、宗祖聖人の報恩講ということを行う。それでは、親鸞聖人を宗祖として我々が仰ぐという、その宗祖とはいったいどういうことであるのか。なぜ親鸞聖人の教えによるのか。その点をはっきりしていかなければならないということで、真宗寺院に在る限りは、宗祖親鸞という宗祖論ですね、宗祖ということをどのように考えたらいいのか、という宗祖論ということがなければならないであろうということです。

そして真宗の寺院に居る限り、どうしても儀式ということがついて回ります。しかし、儀式はやっているけれども、なんのためにやっているのかわからないということがあります。そして我々が逮夜のお参りをして、お経の配達のような意味しか持たないと言われていますす事柄も、中身は儀式であります。

儀式ということを別の言葉で言いますと、これは行になります。思い浮かべていただくとわかりますけど、逮夜《たいや》のお参りに行きますと、まずお内仏の本尊の礼拝から始めます。いかに時間がないからといっても、いきなり鈴《りん》をたたいて、『阿弥陀経』を口にしながら蠟燭《ろうそく》をつける。そんなことはないですね。いかに横着な人でも、そんなことはないと思います。必ず一度は合掌します。合掌するということは、身業《しんごう》です。身を働かせるのですから、身業になります。身業として、まず合掌礼拝する。その後に、お経があがります。これは口ですから、口業《くごう》になります。経典読誦《どくじゅ》という行をするわけです。そして「願以此功徳《がんにしくどく》」という言葉は、廻向《えこう》の行を表します。文字の通り、経典の教えを仰ぎ、その教えを聞いた。そのことで知られたところの功徳というのは、自分一人だけ持っているわけにはいかない。平等に全ての人に施していきたい。そして一緒に安楽国に生まれたいと願うのですから、これは廻向の行といわれるものですね。そして、その後に『御文』なり『歎異抄』などが拝読されますと、これは我々の方からいうと聞法《もんぽう》の行になります。聞法ですから、これは心の方で、そのいわれを尋ねるのですから、これが意業《いごう》になります。ですから、身業・口業・意業と、身口意《しんくい》の三業というのが揃っているわけです。お経の配達だといわれていることの内容も、この身口意の三業というところの行になります。

ところが、我々の方は、それがあまり行のように思われないですね。行をやっていて行のように思われませんから、それを形式的に考えて、儀式というふうにいうわけです。その儀式がもっと形式化してきますと、今度は作法ということになってきまして、儀式作法になるわけです。儀式作法ということになってきますと、多くの人間が想定されておりまして、いわゆる教団組織の問題です。けれども、真宗で儀式といったときには、もとは行です。聞法の行であったり、経典読誦の行であったり、礼拝《らいはい》の行であったり、もともとは行なんです。その行という意義が不明確になってくるところから、儀式化していきます。つまり、形式化するわけです。そういう点から、儀式とは一体なんであろうかということを、一度取り上げてみなければならないのではないかということで、儀式論ということが出てまいります。

そして、教義という点からいきますと、本願ということを離れては、真宗の教義は成り立たないんです。弥陀の本願、如来の本願、あるいは法蔵の本願と、いろんな言い方がされますけれども、本願ということは、真宗の教義という点から言うなら、はずすことができません。本願論は、どうしても避けて通れない。真宗を語ろうとすれば、本願ということを抜きにすることができないということがあります。

そういうように、宗祖論・儀式論・本願論は、我々が関心を持つところの問題なんですけれど、さらに、この世と真宗というのは、どういう関係になっているかという問題です。この世はこの世、真宗は真宗だということであるならば、我々は頭を悩ます必要はないんです。日本にいろんな寺院の形態がありますけれども、真宗の寺院は、その中でも独特の寺院形態を持っているかと思うんです。お寺の建築物を見ればわかりますけれども、外陣《げじん》があれだけ広い形態をとる寺院形式というのは、真宗以外にないかと思うんですね。一般の人がお参りして、そこでお話ができる、あるいはお話を聞く、そのために外陣が広くなっています。

私は大学生の頃、時宗《じしゅう》の寺に下宿していたのです。時宗のお寺の系統は、念仏を旨《むね》とする宗旨です。私はそのお寺に七、八年おりましたけれども、そこでは一度も聴聞《ちょうもん》、聞法ということがあったことがないんです。そういうことを必要としないわけなんですね。必要としませんから、本堂もそういう形になっておりません。全体が内《ない》陣《じん》のような形になっている。我々が普通見ている内陣・外陣という言い方からすれば、他の宗旨に基づいて出来上がっている寺院建築のあり方は、大体に全体が内陣化していて、外陣というものがない。外陣にあたるものは、講堂という形をとります。昔からの流れでいきますと、そこにいる僧たちが専門的に学習する場のことでありますから、そこに一般の門信徒の方がいらっしゃるということはありません。

そういう点から考えますと、真宗の寺院形態を建築上から言いますと、他の宗旨とすこぶる趣《おもむき》が違っている点があります。その点、また苦労が絶えないという意味を持ちます。つまり真宗寺院に居る人たちは、町内会ということであれば町内会の役員をするということも出てきますし、子どもが学校へ行けば、ＰＴＡの役員をしなければならないということも出てきます。そして最もやっかいな問題は、屋根が壊れた、どこかを修理しなければならないという時には、あちこちに行ってお願いしてこなければならないわけです。その点では、非常に密接に周りの人たちとの関係を保ちながら、そこに寺院という形をとっております。

鹿児島に在勤制という制度がありまして、ここは永代住職ではないわけです。一定期間を区切って、三年とか五年とか、その間だけ住職をする。私たちは、永住あるいは永代住職という形態に慣れていますから、なにか不安な感じがしますけれども、これも一面ではいいこともあります。三年なら三年という期間ですから、やっかいなしがらみとか、そんなものとは関係しなくていいわけです。「修理にこれくらいかかるから直してほしい」と、こういうことができるわけです。

我々の場合は、なかなかそういうわけにはいきません。いろんなことが引っかかって、たとえば寄進してもらう場合でも、お礼の仕方が悪いというと、それがずうっと尾を引きます。寄進した方は、やはり無理して出していると思いますし、寄進してもらった方も、一応お礼はするんです。けれども、地方によっては、毎日顔を合わせているものですから、「あれだけ寄進したのに、住職も寺族も当然のような顔をしている」ということで、悪口が出てきたり、法事で酒でも飲むと、「あの時、住職、お前は……」という話になってきて、実にややこしいわけです。その点、在勤制だと楽なんです。「ここの本堂を保っていくには、どうしてもこれだけかかる。あんた方、自分たちの保つお寺であるというなら、当然これくらいは寄進しなさい」とこう言って、あとは知らん顔しておれるわけです。ところが、永代住職という形でおりますと、何年かたったら出て行くというわけにもいきませんから、そこにややこしい関係をずっと保っていかなければなりません。そういう点から言うと、非常に煩《わずら》わしいという面があります。

そういう、関係が非常に濃厚だという問題もありますし、またそういう関係の真っ只中で真宗ということを名のっておるものですから、真宗ということと、この世の関係というのは、どうなっているのか。そして、その寺院がある環境は、政治社会であり、経済社会であり、技術社会である。そして教育ということが、非常に重んじられる場所でもあります。そういう事柄と真宗とは、どういうことになっているのかということで、環境の問題について真宗はどう考えるのか、医療ということについて真宗はどう考えるのか、教育ということについて真宗はどう考えるのか。そして、特に宗教思想ということから言うなら、差別という問題についてはどうなるのか。そういう問題が、真宗の寺院にいる限り、絶えず出てきます。そういう事柄と真宗ということは、どういう関係かと、これまた考えざるをえないことです。避けて通ることはできません。もし、こういうことをまとめた言葉で表すなら、現代教相論《きょうそう》ですね。現代という時代にあって、真宗と現代の思潮、思想とはどういう関係になるのか。その関係を明らかにしていく、そういう論があるとするなら、それは現代教相論というように言わなければならないであろう。およそ、ざっと申し上げただけでも、寺院に居る限りこういう宗祖論・儀式論・本願論・現代教相論という四つの問題は避けられません。

問題を考える手がかり

そうしますと、やることがないのではなくて、やることがありすぎて、嫌になっておるというのが、大体正直な状況なんです。何もすることがないなんてことは、ありうるはずがない。いま挙げただけでも、その四つのことについて、「あなたはどういうふうにお考えになっていますか」と、こうなると、あまりよく答えられません。問題がないんじゃないんです。問題がありすぎる。問題があるけれども、それではどこから考えていったらいいのかという手がかりがないわけです。手がかりがないというのではなくて、どこをどう考えればいいのか、手がかりが見つからないわけです。

問題は、その時その時、突出するような形で出てまいります。大谷派の教団の流れを見ましても、二十年近く、表に強く出てきた問題としてあるのは、差別の問題です。

大阪の難波《なんば》別院の問題を通し、大谷大学の問題もあり、そして訓覇《くるべ》発言ということもあり、ずうっと差別の問題が大きな形で突出して出てまいりました。その問題があるから、そのことをはっきりしなければ駄目ではないかということで、いろんな場所で差別問題についての学習ということがなされてきました。

それと政治がらみの問題で、神社との関係、国家との関係、こういうことがまた大きな問題として、二十年来出されてまいりました。その問題をこそ、はっきりしていかなければならないのではないかということで、表面に強く出てきました。そういうことにからんで、原発の問題、環境破壊という事柄が、また取り上げられてきます。さらに臓器移植、安楽死、尊厳《そんげん》死という医療技術にからんで、死という問題が大きな社会問題としても出てきました。そういうことについて、真宗はどう応えるのか。少なくとも、真宗はどういうふうに関係するのかということが、ビハーラとかホスピスとか、あるいはターミナルケアとか、いろんな呼び方がありますけれども、また問題として出てまいりました。

その時その時に、いろんな問題が出てまいります。それをやらなければならないということで、そこに走り込んで行きます。それはそれで、当然関わらなければならない問題ですし、応えなければならない問題です。それをやっていて、それで十分であるかというと、必ずしもそう言えないわけですね。つまり、人間生活は多岐にわたっていますから、現実のところ、逮夜《たいや》のお参りに行かなければならない。法事を勤めなければならないということがあります。原発の問題に関わっていて、「今日は親の三十三回忌の法事なんです」というところに身を置くとします。そうすると、何か別のことをやっているような感じになってまいります。差別という事柄に一生懸命になっていますと、三十三回忌とか五十回忌の法事の場に行きますと、何かわけのわからんことをやっているような気がしてくることもあります。そういうことになってきますと、毎日行う行事、そういうものが、なんとなくうさん臭いものになり、力が入らないということで、その全体がボウッとしてくる。何かそういうことが、今、我々がいる現状ではないかということですね。

そこで何もしていないわけではないんです。問題があるたびに、それはそうだと、少しずつそういうことについて敏感になっていかなければならない、取り組んでいかなければならないということで、動くんです。けれども、どうもそれがはっきりしないままに、いつの間にか関心が他に移っていく。そこで、一体何をしているんだろうかという問題が、それぞれのところにあるように思われるんです。そういうことが現実にあるものですから、なんとか一つ、そういう現状にメスを入れることはできないだろうかということで、金沢では取り組みを始めたわけです。

これはある教区の伝研《でんけん》でのことですが、いろんな問題がありました。ゴルフ場建設の反対とか、そこに参加している人たちが、いろんな形で問題を提起していました。いろいろな問題があって、自分はそれに取り組んでいて、街宣活動もしており、市民の人へ参加を呼びかけて反対のための署名を集めていると、いろいろ言われていました。それについて、「あなたはどう考えますか」というやり取りがありました。

そこで、私は素直に申し上げました。

「それはそれで、やらなければならない問題だと思います。しかし、そのことと南無阿弥陀仏と、どんな関係になっているのか、問題はそこにあるのではないですか」

と。南無阿弥陀仏という事柄が、我々の最も具体的なこととしてあります。その南無阿弥陀仏ということと今やっていることと、どういう関係になるのか。署名運動と南無阿弥陀仏、医療問題と南無阿弥陀仏、その点をはっきりさせなければならないのではないか。南無阿弥陀仏は南無阿弥陀仏、現代の問題に関わるのは、現代の問題に関わることだと、そこがはっきりしない限りは、南無阿弥陀仏が付け足しになってみたり、逆に、そうすることは南無阿弥陀仏だということで、やっている事柄を肯定するために南無阿弥陀仏をもってきたりする。

要するに、関係がはっきりしないものですから、引っ張ってみたり、都合が悪ければ遠ざけてみたり、使えるなら近づけてみるという形になっているとするなら、どうもそこの関係がはっきりしていない。幸いに、我々がものを考えていく、また我々の寺院が成り立っておる一番のもとには南無阿弥陀仏がある。その南無阿弥陀仏と我々との関係、この世との関係、そういう点をはっきりさせていかなければならないという課題は、寺院にいる限り避けることができない。伝研という学習の場をお持ちになられるということは、そういう関係をこそ、はっきりするということではないでしょうか。そういう形で、何年も伝研を続けている教区もあります。

前置きがずいぶん長くなりましたけれど、我々が置かれている現状は、問題がないのではなくて、問題はある。だけど、それにどう取り組んでいったらいいのか、その手がかりがはっきりしない。しかし、よく考えてみるというと、南無阿弥陀仏こそ、いろんな問題の中心にあって、そして最も具体的で、寺院にあるものだけではなくて、門信徒の人たちにとっても、そこが手がかりになる。ですから、非常に有力な手がかりを、我々は持っておるということですね。

念仏は生活指針

その点を一つ最初に確かめていただいた上で、次に転じていきますけれども、この南無阿弥陀仏ということについて、非常にはっきりした方向をお示しになられた方がおいでになられます。その方は、法然上人ですね。法然上人が、念仏ということについて、お示しになられた有名な言葉は、我々もよく聞く「念仏できるように生活しなさい」という言い方ですね。具体的には、「一人で念仏できるなら一人でいなさい。

一人では念仏できないとするなら、結婚して念仏しなさい。ともかく、念仏できるように生活しなさい」という言い方が、法然上人の念仏の勧めとしてありました。

つまり、法然上人にとって念仏というのは、今流の言い方をしますと、生活指針ということです。念仏こそ生活の指針だということです。その指針ということを、もっと別の言葉で言うなら、念仏というのは生活の目足だということです。目と足ということです。足は実践を表しますし、目は思想というものを表します。いろいろなことを考える、いろいろなことを視野に入れる、そして実践していくというので、目と足です。今のところ、目はいろいろなものを見ているのですけれど、足が動かないのです。あれも問題、これも問題、これも大事だ、あれも大事だということで、目はいろいろなものを見るのですけれども、足がついていかないというので、目と足がバラバラになっています。そういうことに対して、法然上人の「念仏できるように生活しなさい」と言った場合の念仏というものは、「念仏申す」ということが目と足になる。こういうものを見ていくという場合の目になり、そしてどう生きるかという足になる。こういう目足という意味を、念仏は持っているということを、日本で初めて明らかにされた。

そういう場合に、今の自分にとって念仏というのは、そういう生活指針とか目足という意味を持っているだろうかということです。

そういう点では、自分が今考えている念仏の領解《りょうげ》ということと対比できる点です。法然上人は生活指針、目足というように領解なさった。それなら自分の念仏領解というのは、一体どういう領解になっているのかということを確かめる。念仏について、いろいろ知っているということ、それは一向に構わないわけです。だけど、その全体として、念仏というのは自分の生活において何であるか。自分の生活にとって、念仏をどのように考えているか。目足というふうに捉《とら》えているかどうか。こういう点を確かめていく上において、法然上人の言う念仏というのは、生活指針であり目足である。これは大事なヒントになってくると思うんですね。

法然上人の教えを聞いた人たち

法然上人は、念仏できるように生活しなさいと教えられた。ただそれだけのことなら何の意味もないのですが、問題は、それを聞いた人がどうなったかですね。

ご存じの通り、法然上人が戒《いまし》めとか掟《おきて》とかを一番最初にお作りになっているわけです。我々は、すぐ蓮如上人の掟を問題にします。蓮如上人は、吉崎の出入りを禁止するという条例を出します。そういう掟とか、もっと強い言葉で言うと、破門です。破門というようなことをやったのは、法然上人が一番最初です。お聞きになっていると思いますが、「七箇条《しちかじょう》の制誡《せいかい》」というのがあります。法然上人が出した誡《いましめ》です。もしこれが守れなかったら、もう法然門下とは認めないと。要するに、破門状ですね。

その内容を見ますと、念仏できるように生活しなさいということを聞いた人たちが、どんな生き方をしたかということに重なっているんです。法然上人ははっきり言うんですが、念仏ができるよう生活しなさいと言われた人たちは、愚痴《ぐち》、無知の輩《やから》だったわけです。その愚痴、無知の輩が、出家者に対して論議をふっかけていくわけです。自分たちは、念仏して如来の証《さと》りを得るということが、はっきりした。そこで出家者たちに対して、あなたたちはどうなのかといって、知識ある僧たちに論議をぶっつけて、言い負かす。およそそれまでは考えられなかったことですね。

その当時の事情から言いますということ、仏教を勉強するという場合には、何としても必要なものは、文字を知っておるということが必要です。そして仏教の悟《さと》りというものに少し近づこうとするなら、戒律を守っているということは、最低限の条件です。まず、経典が読めるということがなければならないわけです。

しかし、法然上人の所に行って、「どうしたらいいのでしょうか」という人は、文字が読めないということで、文字が読める人たちから貶《おとし》められており、そして生活のありさまから言いましても、文字が読めないという生活は、当然、直接生産に関わるより他ありません。猪《いのしし》を捕《つか》まえたり、魚を捕まえたりするのに、文字を知っている必要はありません。田畑を耕すということについても、文字は必要ありませんから、文字を知らないという人はどこに居るのかといえば、直接生産のところにしか行きようがありません。直接に生産して、多くの人の消費を支えているという仕事をしているんです。けれども、社会的な地位とか、社会的な認知ということからいきますと、非常に蔑《さげす》まれている。問題にさえされていない。そして、仏の悟りに近づくような行とか善、そんな生活からは、ほど遠いところにおります。

従来までの仏教の考え方からいきますと、お釈迦さまがなされた事柄に近ければ近いほど、仏の悟りというものに近づけることになります。お釈迦さまは行をなされたと、出家なさったと、苦行《くぎょう》なさったと、そして戒をお守りになられ、一生教化に捧げられた。こういうお釈迦さまのなされたことに近ければ近いほど、お釈迦さまに近づくことができるという考え方で、仏教というものが考えられてきました。ですから地位からいいましても、まず出家者です。戒を守り、経典を理解し、理解したところを他に示すことができる。こういうことをする者は、優れた者である。

その点、法然上人の所に行って、直接生産して生活する私たちは、一体どう生きたらいいのかという問いです。その得られる答えは一体何であるかというと、悟りの世界に行くということは許されていない。海川に網を張って魚を捕《と》らえるとか、山川で鳥や獣を捕《つか》まえている。こういうのは、ありさまからいけば、殺生戒《せっしょうかい》を犯しているのですから、とうてい行く末は、悟りの世界というよりは、地獄にほかならない。せめて文字でも読めればというんですけど、その文字も読めないということになれば、当然あさましい生活ということにならざるを得ない。それをやっている限りは、地獄へは行っても、間違っても悟りの世界には行くことができない。こういうものは、というてい駄目なんですかという問題意識ですね。

それに対して法然上人は、「否《いな》、念仏できればよいのだ」と言われた。法然上人からそう言われて、念仏していかれたのでしょうね。そして念仏していたところ、はっきりしたことがあった。そのはっきりした事柄が爆発しまして、「自分たちこそが、仏の世界により近いのだ」と、今まで蔑《さげす》んでおった出家者たち、とりすましておった人たち、そういう人たちに対して論議をふっかけたわけです。これは、よほどすさまじい様相《ようそう》を呈《てい》したと思われまして、比叡山から朝廷の方に問題が出されていくわけですね。ご承知の通り、九条兼実《かねざね》は法然上人のもとで出家した人です。この人は朝廷の摂政・関白にもなった実力者ですが、彼は法然上人と近いことから、なんとかもみ消そうとするんです。しかし、その九条兼実の力をもってしても、もうどうにもできないほど、事態は深刻であったわけです。

なぜ、法然上人は窮地に追い込まれたかというと、その原因は、「念仏できるように生活しなさい」という法然上人の言葉にあったわけです。それを聞いて、民衆がうなずいたわけです。うなずいてみたら、世の中の様子が一変したわけです。それまで作られていた社会のあり方、別の言葉でいうなら、愚かな者より賢い者というあり方があり、行もできず戒も守れないような、つまり悪をなしているものよりは、善なものが優位であるというようなあり方の社会です。戒や善を守れない生活は、放逸な生活になりますから、およそ精進というような生活はありません。賢なるもの、善なるもの、精進なるもの、いわゆる賢善精進《けんぜんしょうじん》といわれる言葉ですね。こういう方向に関係するものが上位にあり、そして優れた者であるというふうに考えられている社会のあり方、そういうあり方を一変させたわけです。

法然上人の「念仏できるように生活しなさい」という教えが、それを受け止めた人たちに、この社会を形成していたものを根底からひっくり返した。民衆は法然上人に、「我々のような者はどうしたらいいのですか」と問うたわけです。環境からいっても、学ぶことができないという環境に生まれた、そしてそこで生きていかなければなりません。生きていこうとすれば、直接生産という形しかとれない。そして直接生産に従事していますから、その生活のあり方からいっても、粗野にならざるを得ない。上品な生活なんか、およそできもしない。そして直接生産の労働をするのですから、酒など飲んで憂《う》さを晴らす。また賭《か》け事をして、楽しみを求める。そういうことをしている者は、賢善精進ということから言えば、とんでもない輩《やから》であるということで、蔑まれている。踏んだり蹴ったりではないかというんですね。そういう者は、結局どうしようもないのか、地獄行きかと。

それに対して、法然上人は「念仏しなさい」と言ったわけです。それはある意味では、今我々が聞くと慰めのようにしか聞こえません。こういうふうに、やむを得ない事情を生きていることが、社会全体のあり方からいうと、つまらないやつらだということで、下位に位置づけられ、蔑まれる。そういう人たちに対して、「念仏していきなさい、念仏ができればいいんですよ」といった事柄が、慰めにならなかったわけですね。慰めにならずに、目足になったわけです。賢善精進が中心であり、それによって社会の体制が位置づけられているという社会観を、ひっくり返したわけです。すさまじいエネルギーです。

その「七箇条の制誡」の中にも紹介されているのですが、『観無量寿経』の第九真《しん》身観《しんかん》のところに、「一一光明、遍照十方世界、念仏衆生、摂取不捨《せっしゅふしゃ》」という言葉が出てまいります。この「阿弥陀の光明は遍《あまね》く十方世界を照らす、念仏衆生を摂取して捨てたまわず」、こういう言葉から、そして善導《ぜんどう》の領解《りょうげ》も影響するのですけれども、これが具体的に絵になったわけです。その上の方に、阿弥陀仏の絵が表されています。その阿弥陀仏の光が、阿弥陀仏のすぐ側の出家者の周りを迂回していくわけです。そして、賭け事をしたり、飲んだくれたりしている者の上に光が当たるわけですね。そういう絵が出回ったわけです。それで、もうカチンときたわけです。馬鹿にしておるというわけです。比叡山全体を、南都《なんと》を馬鹿にするのかという反応が出てきて、物議《ぶつぎ》をかもしたわけです。こういうようなことがきっかけになって、『教行信証』後序に紹介されているように、興福寺の学徒が奏達《そうたつ》をする。訴え状を出したというわけですね。法然上人は、そういう訴え状が出る前に、なんとかその事態を収拾したかったわけです。ですから「七箇条の制誡」を定め、その起請文《きしょうもん》に、みんなの名前を載せることを要求したわけです。親鸞聖人はその当時、綽空《しゃっくう》という名前で呼ばれています。その綽空の印もあるわけですね。わかりましたというので、綽空という名前が載せられています。

それはそれとしましても、今日我々が念仏ということを言うた場合に、慰めのように考えられるという理解を持つのが普通です。ところが、法然上人や当時の人たちは、念仏を慰めというふうには理解しなかったわけです。言ってみれば、念仏ということを生きるエネルギーと領解しているわけです。なぜそういうことになるかという問題ですね。今、我々が念仏ということを勧めた場合、どういうふうな反応になっているかという問題です。

生活に響かない念仏

これは何かの機会に申し上げたことがありますけれども、私は、月に一〜二回は、自分のお寺の同朋会などの集まりで、お話しなければなりません。その同朋会などをやっておりまして、気が付いたことがあるんです。それは、お参りしている人たちが、最初は居ずまいを正して、正座して聞いていらっしゃる。そして一定の時間になりますと、膝を崩してお聞きになられます。そして念仏ということが出てくると、もういよいよ終わるのではないかということで、きちんと座り直すわけです。そうすると、「これは終わらにゃならんな」という感じになります。念仏が出てくると、聞いておる人は、ここでこの人のお話は一応終わるんだということで、こちらが合図もしないのに、皆さん膝を正されまして、終わりを待っているんです。裏切っちゃいけませんから、大体それで終わるわけですね。どうしてこんなことになるのだろうかということが、何回もやっていて、私は疑問になりました。

それで、ある時に、お年寄りの事故が続いてありまして、警察の方でも困ったんでしょうね。どうしたらいいのかというので、ある知恵者が、「それはお寺へ言うのが一番いい。あそこへは年寄りが行くから」という進言をしたんでしょうね。そこで、警察の人たちがお寺をずっと回ったんです。うちへもやって来ました。そして、「ご承知の通り、お年寄りの事故が非常に多いのです。お寺さんであれば、お年寄りがよくお参りになられますから、その折に、事故に気をつけるようにと、一言いうてもらえませんか」

「ああ、そういうことならよろしいですよ。近いうちに同朋会がありますから、お話しときますよ」

と、お返事をしていました。

話している時には、忘れておったんですが、途中で思い出したんです。皆さん例によって念仏のことが出てきて、居ずまいを正されたんです。また同じようなことやなと、その時に「そやそや」と、ふと思い出したんです。

「ところで、どこどこのお婆さん、あんた手押し車を引くのは結構やけど、地面には何にも落ちとらん。もうちょっと上見て手押し車押したらどうや。どこそこの爺さん、あんた一人の地面ではない。酒飲みが酒飲んで自転車に乗っても、あんたほどひどい乗り方はしない。ちょっと自転車の乗り方に気をつけなさいよ」

と。「事故に遭わんように」と、最後に言うたわけです。そうすると、今までかつてなかったようなしまり方で終わりました。その時は、みんなうなずいて帰ったわけですね。念仏の話が出る時には、一応ここでおしまいだと、やれやれと思う人もあるだろうし、一応終わったと。しかし、それはしまっていないわけですね。ところが、警察の人の依頼をうけて、事故に遭わないようにという話をしましたところ、皆さん実に深いうなずきをして、帰って行ったわけです。

その時に教えられたんです。「ああ、念仏が生活の指針になっていないというのは、こういうことか」と。うなずけないわけです。真宗は念仏だと、話として聞いておるんであって、生活の指針ということになっていないということを、初めて教えられました。なぜ、この人たちは、「さあ終わるぞ」「もう終わりにさしかかったぞ」というふうにして座り直してしまうのか。何か無駄な時間を、それまで過ごしたように思うておりましたけれど、理由はそういうところにあったわけです。生活のどこにも響いていないということなんです。つまり、自分の念仏の領解というものが、生活に響かないような領解しかしていないということを、お参りに来てくださる人が教えてくださったわけです。そういう点で、法然上人の言葉がなぜ元気を出させたか、そういうふうに見ますというと、法然上人の時には、そういう問題が起こったわけです。

それでは、親鸞聖人と付き合っておった人たちは、いったいどうしたかといいますと、これは『御伝鈔《ごでんしょう》』が伝えておりますように、親鸞聖人が亡くなった後、大谷に遺骨を納めます。そして年々にみな廟堂《びょうどう》にお参りに来るということで、廟堂に帰依《きえ》するということで終わっております。親鸞聖人には家族がありました。子どももおりましたし、また離れているとはいえ、妻がおりましたし、弟もおりました。ですから、墓ということになれば、家族に任せればいい問題ですね。

ところが、親鸞聖人と付き合っていた人たちは、この人の墓ということでは事《こと》がおさまらないというので、お参りできる廟堂を作ったわけです。どの程度のものかはわかりませんけれども、亡くなった家族をさしおいて、この人の亡くなったことの意味は、お墓で表したのではだめだ、そこにお参りできるような場所でなければならないんだと。死後のことにまで口をはさむくらい、親鸞聖人と付き合ったことが左右してくるわけです。ですから、半端《はんぱ》な付き合いではないわけですね。

それで、親鸞聖人と付き合った人たちは、どういうところで付き合ったかというと、念仏の法しかないわけです。その念仏を通しての付き合いが、親鸞聖人在世中に銭何貫文送るということで生活を保障する。そして亡くなったら、その場所をお参りできる場所、もっと言うなら、そこで念仏申すことができる、念仏の教えが聞けるような場所であってほしいということを願った。とすると、念仏の教えというものが、生活指針になっているわけですね。それは、今日の我々が念仏ということを勧めても、言うても、どうもしまらない話になるということとは、全く違う姿をしていたわけです。

さらに親鸞聖人から下って、蓮如上人へ行きますと、『御文』を拝読されますと、特に四帖目にはそういうことが出てまいります。三か条とか八か条とか、長い『御文』がありますね。これも余談ですけれども、逮夜のお参りがお経の配達にしかならないという人は、ひと工夫なさってみてください。お参りに行かれて、『御文』を一帖目第一通から五帖目第二十二通までの八十通を、最初の家では一帖目第一通、次の家では一帖目第二通というふうに、順番にやってみるわけです。また「和讃」も懸和讃《かけわさん》を「十方微塵《みじん》世界の」だけでやらずに、これもいろんな「和讃」をやってみるわけです。間違いを恐れずに、二重《にじゅう》のところを三重《さんじゅう》にしてみたらどうなるかとか、工夫すればいいんです。聞いておられる人は、別にそんなことを聞いているわけではないのです。「今日の和讃はちょっと変わった和讃ですね」と、むしろ評判がいいかもしれません。

ですから、自分のためにやるわけです。人のために参りに行ってると思うから、話がおかしくなるのであって、先程言いましたように、行ですから、我が行です。ですから、『阿弥陀経』なら、今日はどんなことがあっても一音一音丁寧に、読み間違いもしないようにやっていこうと、自分で約束事を立てて、ゆっくりやるわけです。配達にしないでおこうと思うことですね。『仏説阿弥陀経』という経題を中心に考えてみよう、なぜこれが仏説なのか、どうしてこれが仏説と言えるのか、ということを思いながらやるわけです。そして、「和讃」は懸和讃を繰り読みしていく。『御文』も繰り読みしていく。こういうことをしていかれれば、配達にはなりません。『御文』を一帖目から五帖目まで、全部座って読もうとしても、めったにできるものじゃないです。『御文』をゆっくり拝読できる幸いな機会と思ってみてください。

話を戻しますが、四帖目までできますと、戒《いまし》めがいくつか出てきます。関屋《せきや》船中あたりで、大声で念仏するなという戒めがあります。関屋というのは、たとえば、山科《やましな》から京都に入ってくる時、今でいうと都ホテルのあたりですかね、あの辺に関所があって、関所ですから、ある時間になると閉まるわけです。そうすると、その関所の前に宿屋があって泊まる。それが関屋といわれるわけです。その関屋にいろんな人たちが集まってきます。その中で、念仏者が大声で「ナンマンダブ、ナンマンダブ」とやるわけでしょう。そうして「やかましい！」とか何とか言われれば、「お前たちは南無阿弥陀仏ということを知らんのか」と。

蓮如上人の『御文』にも『御俗姓《ごぞくしょう》』にもありますが、親鸞聖人のご恩徳《おんどく》を知らん者は木石《ぼくせき》に異ならんかと。木と石と変わらんというわけです。そんなことを聞いていますから、たぶん門徒たちが、「わしらは本願寺の報恩講にお参りするのだ。お前たちは親鸞聖人の報恩ということを知らなければ、木と石と変わらんぞ」ということを、人が集まっている中で言うたり、大声で念仏したり、淀川か琵琶湖か知りませんが、船の中で、やはり大声で念仏するわけです。そんな狭い所でやられたら、迷惑するわけです。迷惑だと言えば、また一言も二言も言うんでしょうね。そして路地大道《ろじだいどう》、要するに人々が往来する街道で、大声で念仏して歩く。これは言うてみれば、やんちゃな姿ですけれども、いかに元気があったかということです。

念仏という事柄が、今我々が受け止めているような念仏と、どうも様相が違うわけです。これが蓮如上人と付き合った人たちの念仏です。法然上人の時もそうでしたし、親鸞聖人の時も墓までかまうのですから、言うてみれば今の我々の感覚からすれば、家族は「もうほっといてくれ」というようなことですね。それをほっとくことができないということで、墓にまで口を出す。蓮如上人の場合は、今申し上げましたような問題、つまり念仏という事柄が、単に我々が今やっているような、お話の終《しま》いが念仏だという受け止めと違うわけです。非常にエネルギーのある、生活の指針、あるいは目足という意味を持っておったということです。

　こういう点が、今我々の方では、どこがどう間違ったのか、どこがどうはっきりしないためなのか、念仏というものが慰めになってみたりして、あるいはせいぜいのところ「お陰様です」という、お陰様の念仏になってみたりして、生活全体のもとにはなっていない。これは何だろうか、どうしてそういうことになっているのか、我々自身もその点がはっきりしませんから、念仏に関わった行をしているんですけれども、どうも面白くもおかしくもない。なんともはや情けない感じになっています。そういう点で、いろんな問題はあるけれども、その考えていく手がかりに、念仏ということがある。その念仏がかつてどういうふうに領解されておったか、どうなっておったかという例を一つ取り上げて、今我々が領解しておる念仏というものを、明らかにする手がかりになりはしないかということで、最初にそういうお話を申し上げたわけです。

本願を根拠として生きる

本願の二つの流れ

本願ということを考える端的な手がかりとして、南無阿弥陀仏ということがあるとお話ししました。それで、南無阿弥陀仏がどういうことであるかに触れなければなりませんが、その前に本願ということについて、触れておきたいと思います。本願には、二つの流れが考えられます。

特に近代になりましてから、本願ということについて、どういうふうに言い直したら領解しやすいのかということで、教学的な営みの中で、いろいろ考えられてきておったかと思うんです。その代表が、まず清沢満之《きよさわまんし》にあるかと思うんです。清沢満之の宗教の定義は、よくお聞きになっておられるかと思うんですが、「人心の至奥より出づる至盛の要求」という言葉です。そこでは、要求という言葉で表現されたかと思うんです。ただし、清沢満之は、これを本願の翻訳と断っているわけではないんです。この一つの流れは、近代のヨーロッパ哲学との関係で出てくるのですけれども、実存の哲学ということが、第一次世界大戦から第二次世界大戦にかけて、大変な勢いをもって考えられていきました。

実存の哲学は、神やその他の観念で人間を理解するのではなくて、人間を人間の現実から理解するという思想です。それまでの人間観は、ヨーロッパの場合は何といいましても、神を通して人間を理解する。要するに、神に似せられて造られているのが人間である。そして、理性の存在といいましても、これは神の知恵と無関係ではない。ですから、人間を信頼するという根拠に、神ということがあるわけです。

ところが、この人間が、第一次世界大戦、第二次世界大戦を通して、大量の殺戮《さつりく》を行うということが起こってまいりました。武器の技術・思想が進んでまいりました。それまでの戦争と決定的に違うのは、相手が見えなくても相手を殺せるということですね。弓とか銃剣などは、相手が視野に入らなければ使えない武器です。ところが、大砲といったものは、相手が見えなくても相手を殺せる。そして、だんだんと一度に大量の死を招くことができるということが、世界大戦ということで出てまいります。これは、大変なショックであったかと思われます。要するに、それは人間不信ということであり、また理性に対する不信ということが持ち上がってまいります。どうも神というところからは理解できないのではないか、そういう理解は間違っているのではないか、ということから、人間を人間の現実から了解しようという考えが出てまいりました。

これもよくお聞きのように、フォイエルバッハ、つまりマルクスに大きな影響を与えたと言われる思想家ですけれども、そのフォイエルバッハに『キリスト教の本質』という著作があります。その中で彼が取り上げましたものは、宗教の本質は人間の本質であり、人間の欲望が逆転して神となっているのだと。神の内容を形成しているものは、逆転した形で人間の欲望だということで、人間を離れて宗教というようなことはあり得ないのだ、どこかで人間および人間の現実というものが関わっているのだ。

そういうことと独立して、神・宗教はないのだということを定義しまして、そういうことがマルクスなどに大きな影響を与えました。

マルクスは、人間の貧困という問題を、かつては神の意志と考えられておったと。人間の現実を理解するのに、人間を超えたものによって理解しようとした流れに対して、現実を人間の方から理解していくという考え方に立ちます。貧困である、貧困でないという問題は、それは経済の問題である。そしてそれは、なかんずく商品の問題であり、労働の問題であり、搾取《さくしゅ》の問題であると。このように、人間世界を人間の世界観のところで理解していこうとする方法をとります。また、こういう事柄が、人間を理解していくということで方向づけられてまいります。人間の心の中も、他のものによらないで、人間の心に即して法則を考えていくということで、心理学というものも出てまいります。そして、あらゆるものの動きは、それは物の動きであるということで、物理学というものが出てまいります。

近代はそういう形で、人間に即して、人間を離れたところで考えないという一つの約束事が元になって、様々な思想が生まれてきます。その中で実存の思想という事柄が、人間自身のあり方を明らかにするという哲学として出てまいります。その方向でいきますと、真理とか教理というようなことに先行しているのが人間だ。教理があって人間があるのではない。教理に先行してある存在が人間だという理解が、強く出てきます。そういう点では、先程言いました清沢満之の言葉などは、宗教を理解するのに、宗教という何かがあって、人間が宗教的になるのではないのだ。人間の中の奥深いところから出てくる非常に強い要求というものが、宗教というものを成り立たせているんだと、こういう理解になっていたんだと思います。

その清沢満之の影響を受けてきたのが、言うまでもなく曽我量深《そがりょうじん》であり、その曽我量深の圧倒的影響下にあったのが安田理深《やすだりじん》です。安田理深の、非常によくその課題を表した言葉としてあるのが、「大地の会」で長く講義されました「展開する本願」という言い方です。本願というものがあって、それが人間と関係してきたんだという領解ではないわけです。展開しつつ本願が本願になっていくという理解を、安田理深はもっておったかと思うんです。これなども元の言葉をたずねていけば、やはり清沢満之の「人心の至奥より出づる至盛の要求」ということにつながっていくかと思うんです。

そういうふうに、本願という事柄を、人間の深い要求という点で理解しようとする流れが一つあります。その流れからは、本願というのは生命の要求、あるいは人間の根本の要求であるというような表現として出てきておるかと思うんです。そういうことで、本願理解の近代的な流れの中から出てきた言葉です。ですから、我々も本願ということを、生命の深い要求であるという言葉で、大体聞いておるかと思うんですね。

しかし、よく考えてみると、わかったようでよくわからないんですね。生命の深い要求といったって、そんなものがあるのかということにもなりますし、また曖昧さを免れないという面もあります。

その点で、もう一つの流れというのは、これはやはり親鸞聖人の『教行信証』に求めなければならないかと思うんです。『教行信証』の「行巻」を見ますと、そこに「名声《みょうしょう》十方に超えん」とか、あるいは「常於大衆中《じょうおだいしゅじゅう》、説法獅子吼《せっぽうししく》」という「重誓偈」の言葉が、本願の文としてあげられているわけです。「行巻」の最初は、十七願がありまして、その十七願の本願文と同じ意味で使われているのが「名声十方に聞こえん」、そして「常に大衆の中にして説法獅子吼せん」という言葉です。これは、何をおさえた言葉であるかと言えば、南無阿弥陀仏です。具体的には、南無阿弥陀仏が本願である。ですから親鸞聖人にすれば、南無阿弥陀仏という名号は本願を表しているのだと。そういう念仏、我々にとって耳にし口にし、非常に親しい南無阿弥陀仏という事柄、これをおいて他に本願ということはどこにもない。こういう理解が示されています。

そして、その領解のもとになっておるのが、曇鸞大師《どんらんだいし》ということになります。曇鸞大師、そして親鸞聖人の流れの中で、本願が名号ということで考えられていきます。その二つは、決して別のものではないはずなんです。どちらかと言えば、大学などで学ばれる場合には、曇鸞大師や親鸞聖人の本願という流れの理解ということが、強調されるかと思うんです。ところがまた、現実的具体的なところで、本願という言葉などを用いない人たちの中にあっては、本願の名号という方向での表し方は、あまりピンとこないということがあって、むしろ生命そのものの願いという言い方の方が伝わるのではないかというので、こちらの方が強く言われています。こういうことで、別のものでないはずのものが二つになってしまっていて、そのいずれもがどうもはっきりしないという形に、今日の本願理解というものが位置しているように考えられます。

本願の出どころ

そういうことを一つ領解した上で、改めてこの本願というものを考えていかなければならないかと思うんです。曇鸞大師から親鸞聖人の流れの中で本願という場合、本願という字自身は、願という字がありますから、そこには動的な意味があります。静止的な、静かで止まっているというあり方よりは、非常に動的なものがあります。それならば、その動的なものというのは、何か根源的に動的なものがあって、それが何か動いているということになりますと、動的な何かということを設定してしまうことになります。我々が如来の本願ということを言おうとする場合に、どうしても使いやすい言葉からすれば、如来のはたらきというような言い方が、わりと使いやすいわけです。だけど立ち止って、如来のはたらきということはどういうはたらきなのか、どこでどんなふうにはたらいているのかということを確かめようとすると、どうも曖昧さを免れえないということがあります。

それでは、動的な事柄が、どこから出るのかという問題ですね。それを、力学と言うなら力学と言っていいのですけれども、本願と言えば力学的なものですね。それでは、どこから力が生ずるか、そういう動きが生ずるか。譬《たと》えで言えば、氷が崩れたと、こういった場合ですね。たとえば、氷で何かを作ったとします。氷で机を作ったとしますね。それが氷点下であり続ける場合は、それ自体は動きません。静止しています。ところが、この氷が氷点下でなく摂氏五度とか六度になった。そうしますと、氷自身の中に溶けるという性質をもっていて、そして溶けるということによって動的なものが生じてくる。いつまでもずっと静止しているものでは、もともとなかった。太陽が当たって、溶けるということを通して、氷が水であるために崩れ落ちるという力学が生じた。氷は、ある条件下では静止することはできるけれども、条件が外れれば、静止することができなくて崩れ落ちる。こうしたことを別の言い方をするなら、それは真実でなかったからだ。ずっとあり続けるということを、真実であるかのようにしていたけれども、それは真実ではなかった。それを真実でないことを証明したのは、何が証明したかというと、氷が溶けて水になって崩れ落ちるという事柄が、真実でないということを証明した。

さらに、それを別の言い方にするなら、そこに真実でないことを知ったのですから、真実に出会うという意味になります。真実でないものを真実であるかのようにしていたのが、崩れるということを通して真実に遇うた。こうしますというと、真実はどこからかやって来たように受け取られます。しかし、虚偽《きょぎ》は虚偽のゆえに崩れ落ちるということの中に、真実というものの出どころがある。

そういう点から言うと、本願というものの出どころは、どこかに本願の出てくる場所があって、本願が出てくるのではなくて、我々の立っている場、我々が間違いないとしている場、そのことが真実でないゆえに崩れる。虚偽のゆえに崩れる。そして、虚偽が真実を主張することを真実が許さないという言い方にもなります。そういう点から言いますと、本願の出どころといいますのは、我々自身のあり方から出てきます。

この点を親鸞聖人の六字釈に即して言いますと、親鸞聖人は「南無の言は帰命《きみょう》なり」と言われて、帰命ということについて、帰るという字と説くという字で「帰説」、「きえつ」「きさい」と発音されますけれども、それに「よりたのむなり、よりかかるなり」と訓をつけていらっしゃいます。よりかかり、よりたのむのだと。そう言われてみますというと、我々がよりかかり、よりたのんでいるものは、何であるかといえば、我というものに他なりません。自分ということを基礎にし、自分の考えということを手がかりにし、それに自分ということを頼みとし、それをよりどころとし、それによりかかり、よりたのんで生きているのですね。もし、そのことがその通りに成り立つなら、我々は何か他のものを頼む必要はありません。我々が「自分」といってよりどころにしているもの、それが文字通り、よりどころとなるのであるなら、他を頼むということはさらさらありません。宗教を頼みにするというのは、自らが頼みとしているのでは十分でないから、宗教をもって補強しようとする。宗教をもって頼みとする。そういうことに対して、帰命ということで、よりかかり、よりたのむということを言おうとされたのは、我々が初めから頼みとしておるもの、それは頼みとならない。先程の言い方からすれば、虚偽は虚偽のゆえに崩れるんだ。他から弾圧する力があって、我というものがつぶれるんじゃない、崩れるんじゃない。虚偽を真実と立てている事柄が、虚偽であるから、それゆえに崩れていくんだと。ここに、崩れるというところに、動的なものが生じてきます。

曇鸞大師の『論註』の理解から言いますと、なぜ虚偽は虚偽のままに崩れるかというと、我々が確かだとしている、変わらないとしている我というもの、そういうものが在るということではないのだ。我々が我としている確かな事柄も、縁起《えんぎ》ということに他ならない。縁によってあるところのものを、我々は我として固めているんだ。固まるはずのないものを、固めているのですから、縁起であるという道理に逆らっている。それを縁起という道理、その真実が許さない。もともとは縁起して我となっているわけですけれども、その我々の方が、縁起してという部分が見えなくなって、そして縁としてあるものを固めて、我としている。ところが、道理がそれを許さないと。その道理が許さないという意味が、親鸞聖人の場合は、勅命《ちょくめい》ということになります。それは絶対認めない。そんな我は絶対に認められない。我々が虚偽であるにもかかわらず、確かなこととして立て続けようとすること、そのことを道理が許さない。そういう動きも、本願と表すわけです。我々からすれば、本願に遇うたということはどういうことかというと、崩れたということなんです。自分が真実として立てていた、その立場は成り立たない。崩れて当然であると領解できたということと、本願に遇うたということとは、同義語です。そういう点で、本願の出どころというのは、縁起としてあるものを、固めて立てているために壊れたところにあるのだと。壊れていくという事柄が、縁起という道理に出会うということになる。こういう領解が、曇鸞大師の本願の領解であります。

それを親鸞聖人は受けて、本願と言えば、具体的に南無阿弥陀仏ということである。南無をもって勅命という非常に強い命令として出てくる。その事柄を善導大師は、「阿弥陀仏というはその行なり」と言われた。「即是其行也」という言葉を、親鸞聖人は直ちに、「即是其行《そくぜごぎょう》というは、即ち選択《せんじゃく》本願これなり」と言っています。我々の立っている立場、それは成立しない、頼みとならない。だから頼むべきはこれである。道理によれ、「選択本願是也」ということで、選択本願という字が、そこに使われてきます。そういうことで、南無阿弥陀仏をおいて、他に本願ということはどこにもなく、そしてその本願は、我々の現実に根ざしている。つまり具体的には、自分はまだまだ大丈夫だとしている立場ですね。

死の問題にしても、「明日はわからんぞ」というけれども、「まだ大丈夫だ」と我々の方は考えているというようなことがある。それが虚偽なんです。何かの折に話したことがあるかとも思いますけれども、私が初めてそういうことが虚偽であることに気づかされたということがありました。横断歩道を渡ろうとして左右を見て、「ああ大丈夫だ」と思って、一歩踏み出した途端に、「俺が大丈夫だという保障は、誰がしているのか」という声を聞いたわけです。そんなことを言うと、異常者かと思われますけれども、文字通りそういう声を聞いたわけです。「お前が大丈夫だと、誰が保障しているのか」。自分で言って自分で保障しているのですから、これほど頼りにならないものはないわけです。それこそ第三者のような何者かがあって、お前はこれから何十年かは大丈夫だという保障なら、これは信用できます。けれども、自分で自分が大丈夫だと言っているのですから、何の保障にもならない。何の根拠も持っていない。そのことから一挙に、「自分は」としている事柄は、何の根拠も持っていないのではないかということが出てまいりまして、その時は金縛《かなしば》りにあい、動けなくなりました。なんと当てにもならないものを当てにして生きているのか。それまでは、「人間死ぬかもしれないが、俺はまだ大丈夫だ」と安心しておりましたが、それすらも当てにならないということになりますと、間違いなく不眠症につながっていきます。寝ている間に死んでしまうんじゃないかと思いますと、「俺は大丈夫だ」というよりは、「寝ている間に死ぬのではないか」という方が、説得力をもってくるのですね。また、そんな時にかぎって、自分の身近な者が、若くして病気でもなく、明くる日に行くと死んでいたという話を、親切にも聞かせる者がいるんです。そんなことを思いだしますと、「俺は大丈夫だ」という事柄は、何の足しにもならない。そうすると、眠れないわけです。眠っている間に死んでしまったら、これはたまらんということで、起きていなければならない。いつまでも起きていられるわけではありませんから、ついには不眠症になる。そういうことが以前にございました。

　つまり、我々が大丈夫だとしている立場は、確かじゃありませんし、真実でもありませんから、必ず裏切りとして出てきます。自分が自分を裏切るんですね。そういうやっかいな構造を、我々は持って生きています。しかし、ここに本願と言われるものの出どころがあります。これをおいて、他に本願は、どこからも出てまいりません。そういう本願という動的なものの出どころは、衆生の現実だという一つの流れがあったかと思うんです。そのことが、清沢満之がいう「人心の至奥より出づる至盛の要求」ということと、どういう関わりをもっているかということに少し触れます。

真実からの要求

要求ということからいきますと、人間が持っている要求で、一番強くて、そして普遍的なものというと、食べるという要求です。食べなくては生命がなくなるのですから、食べるという事柄は、最も強くて、そして誰にでもある要求です。一番基本的なところで政治社会を見る時に、どれだけの人が十分に食べることができているかどうかという、その点でその国が健康であるかどうかが考えられます。一部の者が食べて、大多数が食べられないという場合には、必ずそこでは問題が起きています。今、世界の紛争ということで、いろんな所で起きていますが、一番の基本には、食べるという最低限度の、そして最も普遍的な要求が満たされないわけです。これは、必ず政治社会が混乱しているというわけになります。そして政治改革とか、あるいは体制の変革という基本には、そういう食べるという要求が根にあります。

　それでは、その食べるということが満たされれば、人間はそれでどんな要求をも持たないのかというと、それだけではすまないという問題があります。その点が、「人心の至奥より出づる至盛の要求」という清沢満之の精神を受けていく時に、「人はパンのみに生くるにあらず」という言葉が関連して使われてきます。食べるという要求は、最低限の普遍的要求です。しかし、それ以上の要求を人間が持っているということになると、ここから宗教という問題に関わってくるかと思います。

　先程の曇鸞大師、親鸞聖人の流れ、つまり『浄土論』を中心とした流れからいうと、食べるという要求は「愛楽仏法味《あいぎょうぶっぽうみ》、禅三昧《ぜんざんまい》為食《いじき》（仏法味を愛楽し、禅三昧を食と為す）」ということですね。これが受用功徳《じゅゆうくどく》といわれるものです。要するに、食べるという問題です。人間は食べなければ死にますから、食べるということが要求されます。

ただし、この食べるということに、いろいろな食べ方があります。お米を食べる、肉を食べるというのは、物理的な食べるです。ところが、心配事があると食べられなくなるというのが人間です。不思議なものですね。食べなければ生きられない人間なのですけれども、心にかかることがあると、食べられないということになる。「食べなきゃあ死にますよ」と言われたって、食べることを拒否することも出てくるわけです。そうすると、もっと深い要求があるということですね。

その点、受用功徳ということで言われている問題は、人間が食べている問題は、食物という食べ物ばかりじゃないということです。広い意味でいうと、人間は環境を食べて生きているのです。息を吸って生きているということは、空気を食べていることです。言葉を食べて生きる存在です。誉め言葉だと、消化をよくするわけです。しかし悪口などは、食べても食べきれないわけです。ですから吐き出すか、食べてもおさまりが悪いですから、おもしろくないわけです。そういう点では、言葉を食べて生きており、そして環境を食べて生きている。

今、人間は食べなければ死ぬのですけども、その食べているものが消化しきれないというところに、環境問題というのがあるわけです。環境を食べて、それぞれ生きているのですから、空も水も空気も緑も、これらは環境としてあって、皆それを食べている。ところが、それが食べるに耐えないものになってきた。食べたら、かえって人間の方が生命を落とすという関係になってきているというので、その環境と人間の関係は、食べるという関係であると言ってきたのは、受用功徳なのです。その中で先程言いましたように、気にかかったりすれば、食べることすら拒否する。そういう問題を人間は持っている。そうすると、食べるということは、基本的な要求だけれども、そういう基本的な要求よりもっと深い要求を、人間は持っている存在であることを明らかにしてきた。

こういう点が、安田理深などが、「展開する本願」というふうに言おうとしたものかと思います。人間の歩みの中に、人間自身が深い要求に目覚めてきた。こういうような流れが、本願の歴史だという領解なのですね。最も深いところから出てくる最も強い要求、やはりこれは、清沢満之が一番基本になります。そういう深い要求というものをたずねてきたのが人類の歴史であると。人類の歴史に応えようとしたのが本願の歴史だというので、とくに安田先生などは、本願も四十八が最初のものではなかった。初めは二十四の本願、これがだんだんと展開して四十八になったと言われます。こういう領解から、人類の歩みというのは、最も深い要求を見いだしてきた歩みです。そして、その最も深い要求に目覚めることが、最も深い満足を与える。こういう捉え方が、基本的な捉え方ではないかと思います。

それはそれでよろしいんですけども、この『浄土論』に受用功徳、食べるということが取り上げられている。その受用《じゅゆう》功徳は、国土の荘厳《しょうごん》十七種の中では十四番目です。その一番目は清浄《しょうじょう》功徳と言われまして、「観彼世界相《かんぴせかいそう》、勝過三界道《しょうがさんがいどう》（彼の世界の相を観ずるに、三界の道に勝過せり）」という、この清浄功徳から始まります。

どうも人間の要求の中に、真実に出会う、本当のことに目を覚ますという要求がある。これは先程言いました、嘘は嘘のゆえに崩れる、嘘をどれだけ固めても真実にならない。そして、いつ崩れるかわからないものを、我々は土台として生きている。その事柄自身が、真実に出会うことを要求している。そういう点では、最も深い要求として真実に出会うということがある。その真実に出会ったということが、何をもたらすかというと、『浄土論』では、仏功徳として表されます。そこに目覚めるということがある。浄土に阿弥陀仏があるということを表しますけれども、阿弥陀仏で表そうとしたのは、目覚めですね。人間は真実に出会って、そこに目覚める。こういう深い要求を持っている。

そして、目覚めたらそれでよいのかというと、それだけではないんだというので、菩薩功徳ということが取り上げられます。菩薩功徳を通して、今度は通ずるという問題ですね。共通する、共同する、通じ合っていくということの深い要求というものを持っている。

そういう点では、浄土が国土と阿弥陀仏と菩薩の三種で荘厳されている意味は、我々自身がそれとは意識していないで求めているところの要求、そういうものを仏教が念仏往生ということで指し示してきた。念仏して浄土に生まれる。浄土に生まれるということを通して、真実に出会うという要求を満たす。そして、目覚めるという要求を満たし、他と通ずるという要求を満たす。そういう要求に目覚め、そういう要求が満たされたところに、人間というものがあるのだ、ということを言おうとしたのが、先程言いました仏教への尊敬です。仏教を深く尊敬したという事柄は、それによってそれとは気がつかない、そういう要求をもって生きていた。そういう要求に目を覚まし、そういう要求が満たされた。要求を満たされたことが、歓喜とか満足とかいう言葉で、親鸞聖人に使われてくるかと思うんです。

そういう点では、本願という事柄は、真宗の教えのことでいうと、念仏往生ということの他に本願はありません。それをもう一つの実存の流れの上で言うなら、我々がそれと知らない深い要求を、人間が抱えている。そのことを我々自身に明らかにする要求をもって生きていた、ということを知らされた。本人はわからんのです。普通は誰もが持っている要求、最もわかる要求は、食べる要求です。しかも、よりたくさん、よりおいしく食べたいわけです。うどんなら、どこそこのうどんでなければだめだとか、蕎麦なら、どこそこの蕎麦でないといけないとなるわけです。人間は、どうしてもそういうとこにいくんです。どこそこの蕎麦でなくても、食べられればいいというのが一番の基本ですね。ところが、それ以上の深い要求を知りませんから、やっぱりおいしく、美しく、楽しく、快適に食べることを考えていきます。そういう食べるという基本の要求、これに終始していくというところに、世間という在り方があります。

しかし、それだけが人間の要求かというと、それ以上の要求というものがあるんだということを、念仏往生ということで教えてきたのが真宗です。普通、人間が持っている、食べていきたい、食べられればいいという要求以上の要求が人間にあるということを、我々自身が明らかにできないという意味では、法蔵の願と表されています。法蔵の要求ですね。願ですから要求です。そういう要求が、本来我々にあると考えられているもの、それが我々にわからないものですから、それを法蔵の願いとか阿弥陀の浄土建立という形で表現されました。そういう言葉を通して、我々が我々自身の中に眠っているところの要求というものに目覚める。要求に目覚めたことが、要求に満たされたことである。

こういう点で、近代になっての本願の領解ということも、伝統的な本願領解ということと深くからんでくる。どちらか一つだけ知っていればいいという問題ではないのですね。そういう点で、本当は、本願と意欲と言うた時に、そういうことを問題にしたわけではないけれども、ともかくも本願という言葉を基本的に領解しておかなければばならないということで、この二つの本願領解の流れを少しお話したわけです。

阿弥陀仏を本尊とする意味

仏陀釈尊

教学的な言い方をしますと、本願ということは仏陀ということに深く関わった言葉です。特に真宗の阿弥陀仏という仏陀は、報仏《ほうぶつ》と言われます。報仏・報身《ほうじん》というふうに言われます。これは大変わかりにくい言葉なんです。

こういう仏陀という問題が取り上げられてきますのは、釈迦如来が入滅なさったということから出てまいります。釈迦如来が入滅なさったということは、仏教がそれで終わるのかという問題です。そこに後々の仏教徒たちが、頭を悩まして出てきた言葉が、釈迦如来は法身《ほっしん》であり、亡くなられたのは色身《しきしん》であるというものです。父母から生まれたところの身は、形ある身であって、形ある身である限りは諸行無常《しょぎょうむじょう》を免れないから、釈迦如来は滅せられたのである。だからといって、仏陀という意味まで消えたわけではないのだというので、仏陀という意味を法身ということで表してきたのが大乗の仏教徒たちです。

後々、この法身ということを表すのと同じこととして、真如法性《しんにょほっしょう》という言葉があります。善導大師の「十四行偈」に「世尊我一心《せそんがいっしん》、帰命尽十方《きみょうじんじっぽう》、法性真如海《ほっしょうしんにょかい》」と、法性真如海という言葉が使われております。これで法身ということを表している。その法身は、目にもとらえられず、心でも把握できない。親鸞聖人までできますと、この法身は色も形もましまさずということが言われます。これは理屈からしたらわかります。お釈迦さまは諸行無常の道理にしたがって亡くなられた、あるいは我々と同じように、父母から生まれた身であるから色身であると、これはよくわかります。しかし、その父母から生まれた釈迦如来は、ただ単にそれだけのことではなくて、仏陀と言われたんだから、法をお悟《さと》りになられたに違いない。後の大乗経典の中に、法身というのは法の器《うつわ》だという譬《たと》えがありまして、お釈迦さまというのは、その器の中にあった水のようなものである。その水がなくなっても、器はちゃんと残っているということで、その法の器という意味を法身と表したんです。

この問題は、本尊という問題にも関わっていて、我々がお参りに行ったときにも、お内仏の本尊ということが問題になります。皆さんは、お参りに行かれて、「なぜ、この中央は、阿弥陀如来でなければならないんですか」と聞かれたら、どう答えますか。答えられそうで答えられない問題です。「お釈迦さまを本尊にしてもよいのではないですか」と言われた時に、「いや、お釈迦さまは駄目です。阿弥陀如来でなければ駄目なんです」と答える根拠が、我々にはっきりしているかという問題です。後で本尊ということにも少し触れますけれども、法身ということと色身ということが、まず大乗仏教の初めに出てくるわけです。

これはご記憶いただければいいのですけれども、龍樹菩薩《りゅうじゅぼさつ》という人は、大乗の仏教を基礎づけたと言われます。龍樹菩薩は、色身と法身の二つを用いられております。龍樹菩薩を受けたのが、七祖で言いますと曇鸞大師です。曇鸞大師は、法性法身ということと、方便法身という言い方を用いられます。

ところが、龍樹菩薩以降の大乗の仏教徒たちは、釈迦如来を法性法身という点からあらためて考えてみるとどうなるのか。そういうことで新しく出てきた釈迦如来の捉《とら》え方が、いわゆる応化身《おうげしん》という捉え方です。字の通り、これは衆生に応じて教化された身である。ですから、誕生から死という八十年の生涯は、我々衆生と同じありさまをとりながら、そこで教化なさったというので、応化身というのです。釈尊とは何かということを考えていく流れは、千八百年代の探検から始まります。

ヨーロッパの人たちは、チベットであるとか、あるいは敦煌《とんこう》あたりの探検をしてきます。そして、敦煌で隠されておったものを掘り出して、たくさんの文献資料をイギリス、ロシア、フランスが持って帰りました。その中からインドの言葉を勉強しようということが出てきます。そして東洋の探検ということから出てきた資料を学んでいくということで、文献研究、言語研究、そして仏教研究が始まってくるわけです。日本人がサンスクリットを学ぶために、イギリスのオックスフォード、ロシア、フランスに行くわけです。そういう研究を通して、仏陀というのはどういう生涯を送ったのかということが、当然出てまいります。その仏陀の捉え方は、何年に生まれたか、何年に亡くなったか、その間に何をしたかという捉え方です。

長い間、仏陀は存在したのかということがわからなかったんです。それがアショーカ王の碑文が見出されることによって、ゴータマ・シッダルタといわれた男が歴史的存在として認められた。そういうことが出発点となって、ゴータマ・シッダルタとはいかなる存在であったか、こういう仏陀研究というのがヨーロッパから始まってきます。当然、ヨーロッパが学問の先達《せんだつ》というふうに日本は見ていました。そこから学んだ宇井伯寿《ういはくじゅ》などが、いわゆる日本の近代の仏教学研究というものの草分け的存在になったわけです。その後に、大谷大学でいうなら佐々木月樵《ささきげっしょう》もそうですし、ずっと新しくなりますと山口益《やまぐちすすむ》の流れがありますけれども、ここでなされた仏陀研究というのは、どこまでも人間としての存在、いわゆる父母所生身のゴータマ・シッダルタということが考えられていった。

これに対して、蓬茨祖運《ほうしそううん》が著した『仏陀釈尊伝』という書物があります。この『仏陀釈尊伝』の仏陀とは、応化身という捉え方です。その基本的な考え方というのは、仏はもともと法身というものである。その法身が我々と同じような在り方、誕生して、結婚して、最後は亡くなるという、我々の一生と変わらないことをなさった。それはどこまでも我々に応じて現れたものであるから、誕生なら誕生というところに、仏の教化という意味がある。結婚なら結婚ということに、死は死ということで、やはりそこに教化の意味がある。そんなことは誰も考えてもいなかったわけです。

一つの例を出しますと、仏陀が生まれられて七歩歩いて、「天上天下唯我独尊」と言われた。この言葉は、そこに誕生ということの意味を、仏は表そうとなされたのである。そんなことが実際にあったとか、なかったという意味ではないのです。誕生日になると、おめでとうと誕生を祝う。しかし、それは一体どういうことなのか。誕生というのは、そんなに祝うべきような何かを持っているのか。この世にある我々は、誰しもが誕生したのですけれども、その誕生の意味ということについて漠然としている。そういう点を、仏は誕生してみせられて、七歩歩かれて「唯我独尊」といわれた。こういうところに、誕生とはいかなる意味を持っているのか。仏のあらゆる行動、あらゆる動きというものは、衆生の教化という意味を持っていると、こういうふうに考える仏の捉え方を、応化身というわけです。

その点では、大乗の仏教徒たちは、亡くなった釈迦如来を、応化身という形で再誕生させたわけです。ここからたくさんの経典が生まれてくることが始まります。全ての経典は仏がお説きになられたと言われるが、歴史学的な見方をしますと、たくさんの経典を仏が説いたのは本当かという疑問が、当然出てまいります。仏が説いたということについて証拠もありませんから、どうもはっきりしていないわけです。はっきりさせようという意欲もありませんから、その辺が曖昧《あいまい》になっていました。ただ、江戸後期の日本では、釈迦があれだけたくさんの教えを説いたというのは嘘《うそ》だ、経典は仏説ではないという非仏説論というものが出てまいります。

こういう非仏説という考え方は、日本にだけあったのではなく、非仏説論争というのは、インドでは早くから起こっています。インドで起こってきた場合には、第一結《けつ》集《じゅう》、第二結集というふうにして、仏はこのように説かれた、仏はある時このように説かれたと、ずっと口で伝わってきたわけです。文字に表されていくわけではありませんから、覚えていることを伝承された教えです。後々それが文字になりますけれども、それ以外に仏が説いたという証拠はないではないかということを、阿含《あごん》の教えを守ってきた人たちは主張するわけです。大乗仏教徒たちが、伝わっていもしないものを仏が説いたことだというものですから、小乗仏教徒たちが大乗仏教徒たちに対して、お前たちの言っているのは非仏説であると主張します。

こういう非仏説の問題は、チベットでも起こりますし、また日本でも起こってきます。今、現代の知性からしますと、非仏説なんです。歴史研究の立場に立っていきますと、たとえば『涅槃経《ねはんぎょう》』は、どう考えても中国の事情が強く反映されているから、偽経となります。非仏説というより、偽経になるわけです。我々が用いています『大無量寿経』下巻の三毒五悪段については、中国で補足されたものであるから、後半部は偽経であると、長い間されてきた。偽経であるか、そうでないかを、何をもって証拠だてるかというと、近代の仏教学では、サンスクリットの文献があるかないかによるわけです。どういうわけか、インドでできたものは本当らしく見えて、中国でできたものは偽物らしく見えるんです。偽経はみな中国産だということで、『大無量寿経』もその洗礼を受けて、前半部分は認めることができるが、後半部分は偽経らしいと考えられてきました。

ところが、この応化身というのは、苦しむ衆生がある限り、仏はその衆生を悟らしめんがために法を説かれるのである。そうであるから、苦悩する衆生があるとするなら、いつでもどこでも仏は教化なさるのである。これは、仏陀ということの見方が、全然違うわけです。衆生の苦悩のあるところ、衆生に応じて、いつであれどこであれ、仏はお説きになられるのである。どれほどたくさんの経典があったとしても、別に驚く必要もないわけです。中国に仏陀が現れたからといって、不思議ではないわけです。そういう広がりをもった領解が、この応化身ということで出てまいりました。

報　身

法身《ほっしん》と応化身《おうげしん》という捉え方に、もう一つ出てきたのが、報身《ほうじん》という考え方です。今我々が、阿弥陀如来とはいかなる存在であるかといった場合に、阿弥陀如来は報身であるという捉え方です。こういうことは、今日ほとんど問題になりません。中国におきまして、阿弥陀如来は応化身なのか、法身なのか、報身なのかという論議が出てまいりました。七祖で言いますと、こういう問題にかかわったのは道綽《どうしゃく》禅師と善導《ぜんどう》大師です。これは大問題だったわけです。中国において、仏で一番いいのは何かというと、法身は常住《じょうじゅう》であるから、法身が一番いいという考え方があるわけです。応化身にしても報身にしても、生死をまぬがれない、最後はなくなるんだ。阿弥陀如来は、その中でどこにあたるのかというと、『観音授記経《かんのんじゅききょう》』によるならば、阿弥陀如来は入滅《にゅうめつ》なさるということがあるから、応化身である。それで、値打ちとしては低いということが言われるわけです。そういう問題を受けて、道綽禅師が『安楽集』で、そうではないという論議を展開するわけです。それを受けた善導大師が、『観無量寿経』の注釈書の「玄義分《げんぎぶん》」の中で取り上げます。その論議は海を渡って、親鸞聖人が「真仏土《しんぶつど》巻」と「方便化身土《ほうべんけしんど》巻」で取り上げています。方便化身ですから、応化身の問題ですし、真仏土は報仏、報身の問題です。阿弥陀如来は応化身ではなく、真の報仏であるということを主張したわけです。それが、『教行信証』の真仏土、化身土という二巻の形になって出てくるわけです。なぜ、真仏土とか方便化身土というものが出てくるのかという背景に、こういう仏陀論があり、その論議が非常に長い間論じられてきたのです。

それで、この報身はいったいどういうことであるかという問題です。「釈迦如来は勝手に悟って仏になったのか」という問いがたてられ、そこから考えられてきた事柄は、釈迦如来は一切の衆生を悟らしめたいと願われた。その願いを成就するように行をなさって、そして願いどおりに仏に成られたのであるという捉え方です。一切衆生を悟らしめたいという願いに動かされて、今その願い通りになって、仏に成っておられるのだ。ここに、願という字が出てきたわけです。それでは、そういう願いというのはどこから出てくるのかということが、さらにたずねられるわけです。そうすると、一番のもとに法身《ほっしん》ということが考えられ、この法身から釈迦如来は生まれられてきたのであるという理解が生じてきます。

差別の根源

法身は、色もなく形もなく、我々の感覚器官では捉えられない。それでは、法身とはいかなることであるのかというと、あらゆる存在を貫いている平等の法だと言われるわけです。諸法の相ということは何かというと、すなわち平等という問題が出てきたわけです。これは言葉にするとわかりにくいことなんですけれども、仏がお悟りになられた一番簡単な法は、諸行無常です。考えてみましたら、諸行無常でないものはどこかにあるのかというと、どこにもないわけです。そういう点では、この諸行無常という法は、あらゆるものに当てはまるところの法です。諸行無常と無関係な存在はないのですから、諸行無常の法というのが、平等の法になります。男であれ女であれ、老いであれ若きであれ、あるいは他の動植物であれ、諸行無常という法からいけば、平等です。

諸行無常の法を、仏はお悟りになられたとなりますと、仏の悟りの中におさまらないものは一つもないということになります。仏陀の悟りというところに入らない存在は、一人もいないわけです。どのようなものも仏の悟りにおさまります。仏は一切衆生の悟りを悟ったという表現になるわけです。

諸行無常を一歩進めていきますと、諸法無我ということになります。なぜ無常なのかというと、いつまでも、どんなことがあっても、変わらないというものはない。絶対に変わらないというものを、自性《じしょう》という言葉で表します。我《が》というのは自性のことですから、自性というものがないということが、無我《むが》という意味になります。全て無我であるがゆえに、諸行無常ということが成り立ちます。仏が諸法無我であると、無我でない存在は一つとしてないとお悟りになられた。ですから、諸法無我という事柄も、やはり平等の法になります。そういう平等の法のことを、真如法性、あるいは法身と表したわけです。

そして、ここから問題になるわけです。あらゆるものが仏の悟りの中におさまり、平等の法ということになっているが、現実はどうであろうか。平等の法に立てなくて、それぞれが、私は私に立ち、あいつはあいつであるというふうに、平等の法に背いて、我々の存在というものが成り立っている。初めから、あたかも少しも通ずるものがないという在り方で、それぞれが個別になっている。平等の法がもとになっているのにもかかわらず、それを無視して個別になっていますから、我々の言い方からしますと、非常に孤立した在り方になり、通ずることができないようになっている。

もし、あらためて平等の法に立ち戻ることができるならば、そのものは孤独とか孤立ということを離れることになる。もう一度、平等の法に戻れとはたらきかけてくるとすると、それは慈悲《じひ》のはたらきということになります。そしてそのもとには、平等の法を無視して生きていると指摘する場合には、これは智慧という意味になります。平等の慈悲と平等の智慧というものがはたらくと、これを本願という言葉で言い当ててきたわけです。一番の基本には、仏陀の悟りの中から外れる存在は一つもない。仏の法という点において、全て平等であり、等しいという意味を持っている。

ところが、現実はそういう点が切れておりまして、私は私であり、人間は人間であって、他の動物ではないと、みんながバラバラになっている。バラバラになっていくのは、自性という考え方です。これは今日的な問題でいいますと、自性という問題が差別の一番のもとになる考え方です。たとえば、アメリカで日本人の少年が、「フリーズ」という言葉を理解できなくて、ピストルで撃たれたと報道されました。そういうのを聞いていると、「アメリカ人というのは……」という言い方をします。そもそもアメリカ人は、銃を使って生命を奪うことに鈍感な人たちであると決めつけるわけです。「アメリカ人というのは……」という言い方です。そこには、アメリカ人にはアメリカ人固有の性質があって、この固有の性質の意味が自性になるわけです。

あるいは、我々が何かの拍子に「女というのは……」という言い方をした場合には、女性は女性固有の性質を持っていて、その固有の性質が女性の在り方をねじ曲げていると決めている。ここまできますと、「女のくせに」という言葉になってきます。そして、「坊さんというのは……」という言い方も、自性を立ててしまうわけです。坊さんと言われるものは、みんな同じ固有の性質を持っていて、それが駄目なのだという考え方を自性と言います。仏教が現代社会に貢献する意味を一つ尋ねていくと、こういう自性を否定したということです。無自性という言葉を出してきたわけです。龍樹菩薩の教学は、この無自性・空ということを明らかにした点にあります。

そういうふうに、平等の法を隠して生きた場合に、各々がこの自性を立てて生きるわけです。「あいつはもともとあんな奴や」とか、「どうせあいつはこんなもんだから」というふうに決めたり言ったりするのは、みんな自性に関係します。

平等の法のはたらき

なぜそういうことが出てきたかというと、平等の法と言われることが隠されてしまったからです。我々が各々に、「俺というのは」といって自性を立て、「あいつはもともと」といって、他に対して自性を立てる。そういうことで区別立てし、それがいっそう進んで差別におもむいてくる。そういう在り方をして、それぞれが孤立している。そういう状態から我々を救い出さんがために、我々に呼びかけて、平等の慈悲と智慧が動きだしてくる。平等の法に戻れ、平等の法に気づけと、我々に呼びかける。そして仏の悟りというところに我々を戻らせる。そういう一連の事柄が、本願というふうに言われます。これが教学上の基本的な考え方です。平等の法を失っているために、孤立している。そのことを平等の法が許さないわけです。どうしても平等の法に気づいてほしい、目覚めてほしいと、平等の法自身が願う。平等の法自身が動き出す。そういう法自身の動きを名づけて、本願という言葉が立てられてきた。それをもっと人格的に表現した場合には、一切の衆生をして悟らしめたいというわけです。その衆生を悟らしめたいということは、何を根拠にしているかというと、諸法平等という事柄が根拠になっている。これ以外に、一切衆生を悟らしめたいというようなことが出てくる理由はありません。

我々が門徒さんの教化を考えた場合に、なぜ門徒教化を考えなければならないかと言いますと、一番の根拠は、諸法平等だということです。それがないと、門徒教化ということはありえない。お寺に居るから教化をしなければならないと、このように考えがちでございますけれども、そんな程度のことで、教化などできるはずがありません。そして、お寺に生まれ、そのままお寺で成人して住職になった人が、教化ということができるはずがないんです。なぜかというと、小さい時のことをみんなに知られているからです。それが改まった顔をして、「阿弥陀の本願とは」と言ってみても、「あいつ、屋根に上って人の家の柿をとったのに、何を言うているのか」と、大体こういうふうになるんです。そのようなことですから、およそ教化などできるものではありません。

教化という問題は、一番の基本に平等の法ということがあって、それが動くわけです。平等の法が根拠になるから、それを隠し背いて生きている在り方を、平等の法が許さないという意味があるわけです。

この平等の法という事柄が、より具体化され表現された場合、浄土という表現になってくるわけです。どんなものも、そこを離れていない、根拠にしないものはないという意味を、具体的なものに近づけて考えるなら、大地と言われるものがそれに当たるということになります。念仏して浄土に生まれよという事柄は、諸法平等ということがもとになっています。

ところが、今朝の新聞を見ておりましたら、天台宗管長の山田恵諦《やまだえたい》師が九十八歳で亡くなられたと出ておりました。そこに瀬戸内寂聴《じゃくちょう》さんのコメントが載っていたわけです。「臨終に立ち会わせていただきました。生前と変わらない、艶《つや》のあるお顔のまま亡くなられました。本当に静かな静かな往生をなさいました」というものです。このように、現代では、往生という言葉が死と同じ意味で使われてしまっていますが、往生といえば阿弥陀の浄土の往生に決まっています。その他に、往生という言葉の使い方はないわけです。そうだけれども、往生という言葉が、どれほど一人歩きしているかということです。

往生というのは、平等の法を失って各自が自性を立てて生きている在り方を離れて、平等の法に戻るというところに、往生という意味があります。もっと言うなら、各自各自が自性を立てて成り立っている世界を、世間と言います。我々が住んでいる世界です。それぞれが自性を立てて、別々だとして成り立っている世界です。そういう世間を超えて、諸法平等といわれる真実のところに戻った、そういう世界のことを出世間と言います。世間を出て、出世間という世界に目覚めたということを、往生という言葉で表してきたわけです。念仏して往生せよというふうに、『無量寿経』などは勧めてきた。そういうふうに、諸法平等が持っている平等の智慧と平等の慈悲というものに促《うなが》されて、一切の衆生を悟らしめたいという願を起こした。

ですから法然上人は、法蔵《ほうぞう》の本願はどこから出てきたのかということについて、『選択集《せんじゃくしゅう》』の中で、法蔵は平等の慈悲にもよおされて願を起こしたと記しています。つまり、各自各自が自性ありとしている立場は、平等の諸法に背いていますから、これは智慧のないありさまを表します。そして、その智慧のなさによって結果するものは、各々が通ずることもない、真実に背いた在り方ですから、安定するはずがない。そういう智慧のなさをほうっておけない、そういう状態を脱して、本当のところに戻ってほしいと、慈悲を起こした。慈悲を起こさなければならない理由は、平等だからです。平等のゆえに、慈悲というものが起こってきた。

一切の衆生をして平等の法に帰らしめたいという願いを起こし、その願いが願った通りになったという仏さまのことを、報身というわけです。そうですから、釈迦如来も仏に成ったのですから、やはりそこに報身という意味があります。そういう願いに報われて、仏に成ったわけです。

その中で、特に阿弥陀仏と言われている仏は、やはり願いに基づいていました。その願いは、四十八願という形で表されているわけです。四十八願ありますが、親鸞聖人は真実の願と方便の願という分け方をなさいます。けれども、その内容からいきますと、仏の名を本当に喜んで称して、浄土に生まれたいと念仏するものがあるならば、一切の衆生をして浄土に迎えとりたいという願いを起こした。乱暴な言い方をすれば、一切衆生を悟らしめたいということですけれども、ところが、阿弥陀仏は一切衆生を悟らしめたいという言い方ではなくて、我が名を称するということがあった場合、その称し方が、至心信楽《ししんしんぎょう》というんですから、本当に喜んで我が国に生まれたいと願うならば、そのものを浄土の世界に迎えとるという願を起こした。

本願成就

願った通りに、そういう仏に成ったということを、本願成就という言葉で表される。願が成就したというところから問題が出るわけです。真宗のやっかいなのは、この本願成就ということです。一切衆生を悟らしめたいということで、念仏して浄土に生まれさせるという願いを起こしたと、これは話としてならわかるのです。「四弘誓願《しぐぜいがん》」でご承知のとおり、菩薩という存在は、みんな願を起こす。衆生が無辺であるから、その無辺の衆生に生死《しょうじ》の海を渡らせたい。その衆生は無数の煩悩《ぼんのう》を持っているので、その煩悩を全て断《だん》じつくしたいと菩薩は願う。その点では、菩薩の共通する願である。

ところが、菩薩の別願というものがあり、それがそれぞれによって違うわけです。地《じ》蔵《ぞう》菩薩なら地蔵菩薩の願というものがあり、薬師《やくし》如来には薬師如来の願というものがあり、観音菩薩には観音菩薩の別の願がある。大乗仏教では、そういうふうに菩薩は各々願を起こして、その願いを表明する。

ところが、法蔵菩薩に限って言うなら、我が名を称することで浄土に生まれさせたいという願を起こした。その願が成就したというところに、問題が出てきたわけです。願った通りになったというわけです。願成就という問題です。願成就ということになると、証拠の問題になるわけです。我が名を称するものを必ず我が国に生まれしめる。そう願った事柄が、単なる希望ではなく、願が成就したというのです。そういうことを、願成就、本願成就と言います。

『教行信証』を見ますと、親鸞聖人は「教巻」を除いて必ず、行、信、証、真仏土、化身土の各巻の最初に本願文をあげられます。そしてその後に必ず、成就文を取り上げられます。そのとおりになったというわけです。それでは、そのような証拠はどこにあるのかという問題です。親鸞聖人は、願が成就したというが、どうしてそんなことが言えるのか。こうなった時の問題が、我々にとって信の問題になります。願が成就したという事柄は、我々にとっては信心という問題になります。本当にその通りであったということを、信というわけです。本当かどうかわからないけれども、信ずるという意味ではないのです。信という意味は、そういう意味ではなく、願った通りになった。それは、まさにその通りであったということです。願が成就したということは、我々にとって信心が生じたという意味になります。そういう点で、南無阿弥陀仏は、本願成就の南無阿弥陀仏という意味になります。本願成就の名号である。本願成就の南無阿弥陀仏であると。真宗が非常にわかりにくいと言われるのは、こういうところに理由があるのでしょう。

真宗といえば念仏往生しかないわけです。念仏するものを、我が国に迎えとると願われた念仏往生の願と、それが願われた通りに成ったというわけです。そんな証拠はどこにあるのかと、その証拠がはっきりしないと、こんなうさん臭い話はありません。まさにその通りであったということが、我々の上に信心が生じた、あるいは信心が獲得されたという関係になっているかと思われます。

仏おわします

願った通りに仏に成ったというので、阿弥陀如来は報身であると言われます。この報身だという意味は、時間の上でいうと、「今、現におわしますところの仏」という意味になります。阿弥陀如来は、今、現に仏と成っておわしますと。この点を注意されたのは、善導大師です。その善導大師の言葉に注目していたのが、法然上人です。親鸞聖人が『教行信証』の後序《ごじょ》で記しているように、法然上人の絵像ができあがったので、法然上人のもとへ行ったところ、法然上人が「若我成仏、十方衆生、称我名号、下至十声、若不生者、不取正覚」と書いてくださった。これがいわゆる『往生礼讃《おうじょうらいさん》』に出てくる本願加減の文といわれるものです。十八願の「至心信楽、欲生我国」という字をなくして、十七願の「称我名号」という字を十八願の方へもってきていますから、昔からこれを加減の文というわけです。加えたり減らしたりというわけです。我々がやるとでたらめになりますが、善導大師だから加減の文です。十八願文を変えるわけです。その変えた後に、「彼仏今現在成仏」という文字を記しているわけです。「彼の仏は今、現に仏と成っておわします」と。この「彼仏今現在成仏」というのは、善導大師の願成就の文なんです。その通りになっていますということを表すのに、「彼の仏は今、現に仏と成っておわします」というわけです。阿弥陀如来は今、現に仏に成っておわします。

我々がそういうふうな形で言えるかという問題です。「阿弥陀如来という仏さまは、本当にいらっしゃるのですか」と聞かれた時に、「いるんじゃないんですか」では、頼りない話です。ですから善導大師は、はっきりと「彼仏今現在成仏」と、その後に「当知本誓重願不虚、衆生称念必得往生」という言葉を添えておられます。つまり、善導大師は「彼の仏は今、現に仏と成っておわします」と言っても、どこに証拠があるかというと、「その如来は我らの信と成っておわします」というのが善導大師の答えです。どこにそんな如来がおられるのかというと、我らの信心と成って如来はおわします。そういう関係になるかと思われます。本願だけなら、これは教理です。本願ということだけなら、薬師如来の本願も地蔵菩薩の本願もあるわけです。釈迦の本願ということもあるんです。それだけなら、大乗仏教の思想上の問題です。

我々にとって問題なのは、阿弥陀如来は現に仏と成っておわしますが、どこにという問題になります。どうしてそう言えるのか。どこに、そしてどうしてそう言えるのかというところに、信心ということがある。平等の智慧、平等の慈悲というものに促《うなが》されて、願が起こってきた。そして、その願の通りに仏に成られた。我々がその仏を信ずることができたという時には、その信ずることができたということが正しい因となって、平等の智慧と平等の慈悲が要素になってできている仏の世界に、至り届くことができる。つまり、その信心ということから、仏の世界に至るということです。この平等の智慧と平等の慈悲ということを表しているのが、光明無量と寿命無量という意味になります。平等の智慧が光明無量になります。先程言いましたように、どのようなものも諸法無我を離れていない。たとえ男であれ女であれ、悪人と言われる者も愚か者と言われる者も、どのようなものであれ、そこを離れることがない。そういうことになりますと、その智慧は無量であるということになるわけです。

あの人にはわかってもらえるけれども、この人にはわかってもらえないということになれば、有量《うりょう》になります。真宗で差別ということが問題になるのも、そのことが課題になってくるのも、そこに基づくところの平等の智慧と平等の慈悲があるからです。その平等の慈悲を、寿命無量と表すわけです。つまり、平等の慈悲の場合、平等の法を失って、そして真実の法に背いて生きているがために、苦しみ悩む。それが進んでいけば、殺し合うことだって出てくる。そういう在り方は、生きているけれども、生きているという意味を全うしえないわけです。そういう状態から離れることができた、それを超えることができたという時に、この慈悲という言葉で表されます。それには、生きるということを全うせしめるということがある。寿命無量というのは、生きる意味が満たされてくることです。そういうところに、寿命ということがある。それを慈悲で表されます。

ご承知の通り、慈悲は、苦を抜くを慈という、楽を与えるを悲というと、抜苦与楽《ばっくよらく》という言葉が言われております。我々の苦悩を取り除く、そしてそこに生きることの意味、生きることの意欲を生み出して、そこに生きるということを全うせしめる。こういう意味で、寿命という字が使われているかと思うんです。それは、平等の慈悲というものを表す。そして、そういう平等の智慧や慈悲という事柄を、とくに阿弥陀仏ということで表される場合には、浄土ということで表現されたわけです。平等の智慧や平等の慈悲ということが、大地をもって表された。ですから、浄土という世界は、そういう法を表しているわけです。仏の法ということを、浄土ということで表す。その法によって、我々の上に目覚めるということが生ずる。法によって目覚める。そういう目覚めることの象徴を、阿弥陀仏ということで表します。そこになぜ阿弥陀仏が出てくるのかというと、法によって目覚める、またその法をもって目覚めさせると、そういう目覚めの意味を阿弥陀仏と表す。昨日申しましたように、その浄土に菩薩がおり、菩薩荘厳というものが出てくるのは、目覚めた者は、目覚めて、それで済んだということではないんだ。平等の法に促されて目覚めたのですから、目覚めたその心が他の衆生と通じていく。他の衆生の中にも、そういう目覚めというものを認めて、通じようとする。ここが、教化という問題になってきます。そういうことを表すのに、国土の荘厳、仏の荘厳、菩薩の荘厳という、三種の荘厳ということがなされてきた。曇鸞大師は、そういう三種の荘厳を、願心をもって荘厳したと言われております。本願ということがもとになって、この三種の荘厳ということが表されてきたのであると。

少し堅い話になって申し訳ありませんでしたけれども、少なくとも阿弥陀仏や本願ということ、それに関係する我々、こういう一連の事柄について、確かめておかなければならない基本的なこととして、申し上げたわけです。

共に生きる世界を開く

食べる権利

本願の領解《りょうげ》ということについては、近代の流れがあった。そこの点から、改めて本願という問題を捉《とら》えてみたいと思います。

その折に、近代の幕開けとして出て来た言葉として、清沢満之《きよさわまんし》の「至奥より出づる至盛の要求」、これが宗教心だということなんです。この要求という言葉ですが、意欲というふうに言い直してもかまわない言葉です。我々が「クレームをつける」という言い方をしますけれども、あのclaimというのが、要求ということであり、そして、そのclaimという言葉と権利という言葉は、非常に近い間柄にあります。

どういうことであるかと申しますと、人間の最大の要求ということになりますと、食べることができるという要求です。食べることができなければ、生命を落とすのですから、食べることができるという要求は、もしそれを要求したとしても、また、どんなものが要求したとしても、それを否定することは誰もできない。そういう要求のことを、権利というふうに言うことができるかと思うんです。そういった権利という言葉は、英語で right です。right という言葉には、同時に正義という意味がありますす。食べなければ生命を落とすのですから、食べるということを要求することは正当であり、そしてそれは誰が要求しても、否定することができない。誰かという意味からいけば、非常に公平な意味を持っている。それを要求しても、正当であり公平である事柄を、権利というふうに表すことができるかと思うんです。

食べることができるということを要求する権利は、文字通り基本的人権ということになります。ですから、一部の者は食べることが可能になっても、他の者が食べられなくても当然だということは成立しません。もしそういう扱いになった場合には、基本的人権が侵されているということになります。今日、人権という、human right という言葉はよく使われますし、この権利の思想ということを考えていく場合に、要求という事柄を外しては考えられない。言いましたように、生きるということにおいて、それを要求したとしても、誰も否定することはできない。それはだめだということを言える者は、一人としていないわけですね。そういう要求を名づけて、権利という。権利という言葉は、いろんな使われ方をしております。「人心の至奥より出づる至盛の要求」という点から考えていきますと、権利ということと宗教、この本願の宗教と言われるものとの関係が考えられてくるのです。それで人間の最も要求するもの、権利と言われるもの、それはまず食べるということにある。

この食べるということについて、責任をもってそれを保障するというところに、次には権力という問題が出てきます。権利ということと同時に、権力という問題がよく取り上げられます。普通この権力というのは、我々が領解するのは支配という点を強調して考えます。

一番わかりやすい例で言えば、年末年始の一斉取り締まりです。「そこの車止まりなさい」という権利は、普通ないわけです。もし、我々が「止まりなさい」と言おうものなら、「お前に何の権利があって止まれと言うのか」と詰問されます。ところが警察は、そういう権力を持っておるわけです。「止まりなさい」と言うわけです。決して「止まってください」とは言いません。「その車止まりなさい」と、私も何回かやられたんです。普通車に乗っていて言われるのなら、まだ格好もつきますが、私は原付のバイクでやられているんです。一旦停止の所があり、それをしなかったようです。冬でしたからコートを着ていたんです。それで気づかずに、「そのバイク止まりなさい」と言われても、聞こえないわけです。それがあたかも無視しているように見えたんでしょう。そうすると、だんだんとボリュームを上げてきまして、すぐそばまで来て、「そのバイク止まりなさい」と。ひょっと見たら、パトカーでした。止められて、「ちょっとこっちへ来なさい」と。それで、一旦停止をしなかったというので、反則金をいくらか払いました。何年か前にそういうことがありました。

ああいう場合に、「そのバイク止まりなさい」ということを要求できるということは、正当なのか。誰にでも認められているものであるかということであるなら、そうではありません。あれは要するに、警察権力とか国家権力とかいう言い方をしますけれども、その「止まりなさい」というふうに言われてくると、そこに支配というものを感ずるわけです。こちら側が抵抗することを受け付けない。そういう支配力としての権力、要するに特別な権力ですが、誰にも彼にもあるわけじゃないんです。ある場合に限って生ずる特別な権利、そういうものが権力となってくる。

ところが、よく考えてみますと、権力というのは二つの意味を持っているわけです。なぜ止めたのか、飲酒運転をしているかどうか、なぜ確かめようとするのか。これは保障という問題なんですね。安全保障の問題です。権力というのは二面性を持っていまして、支配という面と保障という面を持っているわけです。飲酒運転していた場合に、その人自身の安全が確保されない。また同時に、飲酒運転している者が町中に出て行った場合に、他に危害を及ぼすということがある。ですから、安全保障ということのために、権力という意味が一つあるわけです。ですから、支配という一面と保障という一面を持っていなければ、権力というのが成り立たないわけです。

ところが、支配だけになっていった場合に、人々はそんな特別な権利を認めるはずがありませんから、打ち倒すということになります。そういう点では、国家と言われるもの、小さいものでいえば家庭と言われるもの、これらはみんなそういう意味では、そこの戸主と言われる者や国の首相と言われる者、そういう者はみんな、特別の権利というものを持ちます。なぜ、特別の権利が委託されているかというと、我々が食べるという基本的な権利を保障するためです。これが保障されないような国家であるなら、それは国家というものに成り得ません。

家庭にしてもそうですね。子どもに対して、親がこれをしてはならない、こうしなさいと、いろいろ言います。子どもがどのようなことを思っておりましても、「それはだめだ、こういうふうに」と言います。子どもからすれば、親は権力者です。しかし、そういうことは親だからあるのかというと、そうではなくて、抑えつけるという形をとりながら、その子どもの安全、子どもの将来の保障という面をもっているから、親でありうるわけです。もし支配的な面だけしかなく、あとはほったらかしだとなった場合には、夫婦では離婚という問題が出ます。親子の関係の場合には、これは崩れるということになります。そういうふうに、群れをなしていく存在ですから、そこに食べるという権利も、群れという問題からいきますと、その群れの構成員一人一人が、食べるという権利が満たされる。そのことのために、権力機構というものを構成しておる。こういうのが、人間の社会であるかと思うんです。

権利としての宗教

そういう点で、この世を生きていく場合の一番基本の権利として、食べるということが出てきます。この食べるという事柄が、『浄土論』の方で受用功徳《じゅゆうくどく》ということで示されているわけです。七祖の中でも、本願ということを特に取り上げたのは、『浄土論註』です。『浄土論』は、二十九種の荘厳功徳ということで表されております。この二十九種の荘厳というのは、願心をもって荘厳した、願心を表現したものが二十九種の功徳です。そういう点からいきますというと、この食べるという問題についても、すでに『浄土論』が取り上げている。食べるという権利が満たされれば、人間はそれでいいのかということについて、近代の本願領解の流れから考えましても、教学的な本願領解の流れから考えましても、食べるという要求だけで、人間の要求が満たされるということはない。この食べるという問題は、基本的人権です。それでは食べてさえおれればいいかというと、そういうわけにはいかないという問題があります。食べれないということも深刻ですけれども、食べていればそれでいいというわけにはいかないという問題も、また深刻です。

毎日逮夜のお参りをして、午前中に済む。それさえ済めば、あとは何もない。それについて、何をしているんだろうかという不安や、これでいいのだろうかという漠然とした畏れというものを感ずる。食べるという基本的人権は満たされているわけです。お布施をいただいて、食べることは可能である。その食べるということの中に、ちゃんと飲むことも入っておりますから、飲んでいないわけではなく、飲み食いする。そして、たまには遊びにも行く。

そういう点では、食べていけるという要求は、満たされているわけです。それで文句はないだろう、といわれる場合があるんですね。食べることできゅうきゅうとしている人から言わせれば、「あんた、何を贅沢なこと言ってんの。逮夜のお参りをして、それで食べられて、その上にまだ文句があるんですか」という話になります。何か我々が罪深いことをしているような気になる。一生懸命働いて、ぎりぎりのところで食べるということが満たされているのと、ある程度余裕をもって食べることが満たされているのと対比して、どうだこうだと言うたんでは、話が少し違ってくるかと思うんです。

食べるという要求さえ満たされれば、人間はそれで十分だ、と言えない面をもっている。その点が、実は我々を悩ませているわけです。非常に不安なものを感ずる。こんなままでいいんだろうかという問題は、よくご承知の「空過《くうか》」という言葉と結びついているわけですね。空しく過ぐるというのは、我々が食べられないわけではないのです。食べていて、そして何となく過ぎてきた。ですから、明治生まれの人で、大正、昭和、平成と、七十年、八十年と、大変な時代環境を生きてこられた人に、ある時「大変だったでしょうね」と言いますと、「いや、食べて通ってきただけだ」というわけです。その間も食べ続けてきたわけです。そういう点では、基本的人権は満たされてきた。それで、どうだったかというと、「いや、どうも、食べて通ってきただけだ」と、こういう問題が残るわけです。

そうすると、食べるという基本的人権と言われるものと、同じ意味で、同じ質で、もしそれが満たされなかったならば、生きるということが成立しえないという権利、そういうものがあるということを、我々の生活自身が表している。何か宗教というようなものがあるというのではなくて、人間自身の生き方の中に、食べればよしとできないものを、人間は持っている。それはいかなる要求なのかという問題です。そういうことを平凡な言葉で言うなら、それは宗教的要求というような言い方になります。ともかくそういう要求に形を与えた。ここに、近代の本願領解の出発点があるかと思うんです。人間が持っている、名づけてみようもない要求というものがある。何によったらそれが満たされるのか、そういう要求を持っている自身もわからない。そういう点では、それを持っていながら、持っている人自身も、その要求がどんな要求であり、何によって満たされるかということがわからない。

どういうことがあれば、その要求が本当に満足するのか、持っておる本人もわからない。ですから、あっち当たり、こっち当たり、いろいろなことをやってみる。そういうことが、言うてみれば求道《ぐどう》の姿です。そういう点で、我々はやっかいなものを持っているということです。動物的な意味からいけば、食べることに満足する。しかし、人間はそれだけで済まない部分を持っている。

路傍の人

今、その要求に形を与えてきた。それが、『浄土論』の二十九種の荘厳ということになるかと思うんです。二十九種の荘厳の一番最初は、清浄功徳といって、彼の浄土の世界というのは三界の道を超えている、「観彼世界相、勝過三界道」ということで、第一の功徳が示されています。十分な検討なしに申し上げて申し訳ないんですけれど、こういう一つの見方があるかなということで、聞いていただいたらと思います。この清浄功徳ということでいうなら、我々の要求の中に、真実といわれるものと出会いたいという要求というものがある。食べるという権利は生存権ですけれども、この真実と出会いたいという要求は、生存権と同じくらいに意味を持っている。なぜなら、長生きしたということは、食べ続けることができたということです。生きているということは、食べ続けることができるということです。それでどうしたというと、別にどうしたということはない。食べて死んだ、ただそれだけのことだと。本当にそれだけのことなのかということになれば、生きてきたという意味が満たされない。そういう生きておるということの意味を満たすという点からいうと、この宗教的要求と言われるもの、これは生存権と匹敵する権利です。そして、それが浄土ということで表現されている。我々が要求しているものは、真実と出会いたいということです。

真実と出会いたい、その真実が浄土ということで表現されているということは、一体どういうことであろうか。こう考えていきますと、こういう文学的な表現はあまり使いたくないのですけれども、浄土ということで表現されている意味は、この世に一人として路傍《ろぼう》の人はいない。食べているけれども、なにか空しい。それは、言ってみれば、そこにあることはあるんだけれども、どうも傍らになっておる。山本有三に『路傍の石』という作品があります。一応仕事はしていますし、付き合いもしてるんですけれども、どうも満たされない。そういう在り方を、文学的な表現でするなら、自分の人生というものが路傍の石と変わらないものになっている。どうも外れているんです。これは、相手の場合にはよくわかるわけです。人を路傍の石のようにしてしまうということは、これは差別ということですから、すぐにわかります。差別された方はすぐにわかるのですが、している方は気づかない。相手から路傍の人にされる、相手を路傍の人にするということは、まだ気づく可能性があります。けれども、空しく過ぎているということの内容が、自らが人生において路傍の人になっている。一応、路傍ということになると、いつでも第三者的なところに置かれておるという場合には、わりとわかりやすいということがあります。

当事者になれば路傍の人にならないのかと言いますと、必ずしもそうとも言えない面があります。何か真実と出会いたい、路傍の人を超えていきたいと、自分の人生を自分で一生懸命生きておりながら、自分を路傍の人にしている。翻って言うなら、浄土をもって、あらゆる十方の衆生、一切の衆生をして、その世界に生まれさせたいという願意、本願の心、これが十方の衆生というのですから、一人として路傍の人はこの世にはあり得ないのです。ここに自ら在りという、自在ということです。ここに自分は在ったのである。こういう自ら在りということを満たす。それが十方の衆生をして、この国土に迎えとらんという願意になってくるかと思うんです。十方の衆生ですから、八方とか六方の衆生だったら、後に二方四方は残ります。残った二方四方は、これは路傍の人になります。「あなたは結構なんです」とこう言われますと、その人は路傍の人になります。ところが、十方衆生をしてこの国に迎えるということなんですから、路傍の人は一人としていないという意味を表わすかと思うんです。

それによって、路傍の人でないということは、自ら在りと、自在ということが満たされる。そう思って『教行信証』を見ますと、不思議なことに、はっきりと言われる場合が二回あります。いわゆる総序と別序の中に、「ここに愚禿《ぐとく》釈の親鸞」という言い方をなさいます。「ここに愚禿釈の親鸞」と、正式にご自分を名告《なの》られておる。今流の言い方をすれば、「ここに我在り」と、はっきりと自分というものを名告ることができた。こういう自己表現です。自分は決して路傍の人などではないと、言い得ることができた。食べても食べても、どうも満たされないと思っていた。その満たされない部分は、「ここに自ら在り」ということを言い得ることができることで、初めて満たされる。そういう要求というものを持って、真実に出会う。南無阿弥陀仏という名号を称することで、この要求が満たされる。そういう人間の持つ要求というものを、仏教の歴史は本願ということで応えようとしてきたのである。だいたい、こういう観点からの本願の領解を、近代が開いてきたものかと思うんです。

今のような観点で、『浄土論註』の二十九種の荘厳というものを見ていくと、自分が要求していることに形を与え、そして、こういう要求を要求していたのかということに納得がいく。何かそういうものを、『浄土論註』は持っているかと思うんです。便利なことに、東本願寺出版部から『解読浄土論註』という本が出ていますから、ご覧になってみてください。自分だけでもいいですから、これを一つの手がかりにして、自分の持っている要求に形を与えてくれる。そして、形を与えることを通して、満たしてくれるものを尋ねていくということがあるかと思うんです。親鸞聖人の言うように、「ここに愚禿釈の親鸞」と、こう言い切ることができる自分を尋ねていく。

ふくらんだ風船

これは別の言い方をすれば、自信ということです。人間は、自信がないと、自分を路傍の人にしてしまいます。それで自信があると、自分が主人公になって、人を路傍の人にしてしまいます。ですから、どっちも満たされないわけです。自信がないと、大体退いてきます。これはよく言いますように、人間の正体は何かというと、自信です。

一泊二日の研修会に行ったときなど、終わってから、一杯飲むかという話になったり、街へ出ようかという話になると、一番前に出て来る人がいます。研修会の間は隠れているのですが、研修会が終わると、「この街の飲み屋なら俺に任せとけ」と言って、前に出てきます。これは、飲むことに自信があるので、前に出てくるわけです。飲むことに自信のない人は、やっぱり下がります。カラオケに行きたがるのも、喉《のど》に少しでも自信があるから、人の迷惑を考えずに行くわけですね。だけど、そういう主張は、周りの人を路傍の人にしてしまうということに気がつかないんですね。酒を飲めば大体そうです。飲んでいて自分が楽しいと、周りも面白おかしく飲んでいると、錯覚しておるんです。けれども、迷惑している人もいるんです。中には飲めない人もいらっしゃいますから、そういう人は大体路傍の人にさせられます。

そういう点では、親鸞聖人のように「ここに愚禿釈の親鸞」という保障がないわけです。ところが、我々が当事者になって、ここに自分があると強く意識すればするほど、いつの間にか周りの人を路傍の人にしてしまうということをやっている。こういう問題を、やっぱり人間は抱え込んでいるわけです。

そうすると、当事者になってワァワァやっているということが、人生の主人公かというと、似ているけれども違う面を持っている。その点は、要求の方が正直で、「一生懸命やっているんだけれども、どうも…」という形で跳ね返ってきます。その要求が本当に満たされた時にのみ、満足するのであって、少しそれに似たようなことになったからといっても、満足ということにはならない。そういう意味では、「ここに愚禿釈の親鸞」と、こう言われる意味は、文字通りの自信を表します。それは相手に勝つとかいう意味の自信ではないのです。勝ったとか負けたというような自信ではありません。我々の自信は、勝った負けたの自信です。

　よく譬えるのですけれども、我々の自信というのは、風船と一緒なんです。俺はこれについてやれると思っていると、風船が膨らむわけですね。風船というのは面白いものでありまして、膨らんでいる時には一人で立っておるんです。空気が抜けますというと、パターンと寝ます。ですから我々が、「あいつなかなか張り切っておるやないか」という時には、大体自信が膨らんでおるわけです。風船が膨らんだ状態です。その自信が揺らぐと、ちょうど風船から空気が抜けた状態になりまして、もう立っておれませんから、横になるよりほかありません。こういう例は山ほどあります。

　金沢で非常に親しくしている人たちがありまして、毎月一度お会いするのですけれども、そこに背丈が一八〇センチくらいあって、頑健な体で、六十歳半ばくらいの人がおられます。会うと、よく自分の胸を手で叩いて、「酒はうまいし、仕事はできるし、もうバンバンや」と、こう言うているんです。ある時行ったら、その人の姿が見えないので、「あの人はどうしましたか」と聞いたら、寝ているというわけですね。

「事故でも起こしたんか」と言ったら、「いや、集団検診で肺にかげがあるということで、再検査という通知を受けた」というわけです。「それでどうした」と言うと、「その通知が来た時から布団をかぶっとる」というわけです。その次の月の例会に行った時にも姿が見えませんので、「どうしとるのか」と聞きますと、まだ検査の結果が出てこないみたいだと。その次の三か月目に行ったら、顔を出していました。「どうだったんですか」と言ったら、また胸を叩いて、「だいたいわしの肺にかげがあるというのはおかしい、器械がおかしかったんや、バンバンや」というわけです。

それを見ながら、なるほど人間が生きているというのは、自信を生きているわけです。人間はどこかに自信を持って生きています。頭に自信を持つ。顔に自信を持つ。技術系でありますと、手に自信を持つ。体に自信を持つ。口に自信を持つ。その人の自信というのは、体についての自信ですから、それで膨れていたわけです。それに「かげがある」と言われて、いっぺんに空気が抜けたわけですね。空気が抜けたら、もう立っておれんわけです。ですから、布団をかぶって寝るよりほかないわけです。非常に正直な姿ですね。そういう点で、我々が持っている自信と言われるものは、あたかも風船のごときもので、膨れ上がってきますというと、周りを押すわけです。どうしても競い合うということになります。そういう自信があるなら、そういう要求を満たすことになるのかというと、どうもその要求を満たすように見えて、満たさないわけです。似て非なるもの、というのが出てきます。

真と仮と偽

あらゆる宗教も、やはり人間は食べることができさえすればいい、というだけではすまない要求を持っている。そういう要求に、いろんな形で応えようとしますけれども、似て非なるものという意味があります。

満たしているように見えて、実は満たしていない。こういうところに、偽とか仮という意味があるわけです。それは自信に似ているけれども違う。こういう場合に、偽という意味になります。

ですから、親鸞聖人の宗教批判のところに出てくる概念は、真・仮・偽という概念です。これらは似ているわけですが、似ていて違う。だから非常に見分けにくいわけです。似ているけれども、人為的に成したものです。人工的に似せて作っているわけですね。ペーパーフラワーというんですか、花に似せて作るわけです。人工的で、あんまり上手に作ってありますから、本当かなと思うくらいです。あるいはレストランのショーケースの中の食べ物も、似せて作っているわけです。全然違えば、これは問題外ですが、本当かもしれないというふうになるものですから、非常に見分けにくいわけです。我々は偽物はすぐわかるつもりでいますけれども、わかるようなものは偽物でもありません。偽物というのは、やっぱりわかりにくいものをいっているわけです。人間自身は、何を持ってくれば満たされるかわからない要求を持って、生きているわけです。それに対して、これはどうですか、あれはどうですかということで、要求を満たそうとして、いろんな宗教が出てくるわけです。それが偽の問題ですね。仮は、半分という字がありますから、当たっている部分があるわけです。しかし、半分ですから、全部は当たっていないわけです。ある場合には、ある条件下においては当たるけれども、ある条件下においては外れる。こういう意味で、真・仮・偽という言葉を用いて、親鸞聖人は宗教批判をしていきます。

そういう点で、真宗とは何のことか。親鸞聖人に言わせると、真宗というのは仏教という意味なんだ。真宗というのは、仏教の一つだという意味で、浄土真宗という言葉は使いません。昨日ちょっとふれましたように、浄土真宗の中に一切を収めるということで、親鸞聖人のいわれる浄土真宗というのは、仏教のことです。逆に言えば、仏教というのは、浄土真宗という意味なんです。というのは、親鸞聖人の浄土真宗の言葉の使い方は、『愚禿鈔』を見ていくと、なるほどと思います。ですから、今の我々は宗派の考え方に立っていますから、宗派でどうしても浄土真宗と考えてしまいます。その宗派の考え方を一点外しておいて、浄土真宗ということで親鸞聖人が言おうとしたものは、仏教という意味なんだ。仏教とは浄土真宗だ。浄土真宗は仏教だと、こういうふうになると、天台宗も仏教だという話になります。ですから、仏教というのは真宗という意味なんだという捉え方で、一度真宗というものを考えていけたらと思うんです。

ともかく、我々が真・仮・偽という捉え方をしましても、本当にその要求に応えられていない、何かと問題を残すわけです。それはお百度参りであろうと、お札《ふだ》であろうと、お祓《はら》いであろうと、何であれ、それは何かの要求に応えているわけです。だけど、そのことが本当に応えたことにならない。問題を残すというわけですね。その問題は、疑いという形での問題の残り方もあります。念仏の場合には、念仏というのはこういうものだというふうに領解して、我々の要求に何か応えているんだというた場合にも、多くの真宗門徒が残している疑問というのは、「念仏はしているのですけれども」という、「けれども」というのを残すわけです。これは門徒さんがよく言われます。「お念仏は申しているんですけど」と、「けれども」という言葉で、何か問題を残しているわけです。要求は満たされているように見えて、満たされていないわけです。そういう点では、微妙な問題なんですね。まあそれは、毎日の皆さんの生活の中で、お感じになることだと思うんです。ともかく「ここに愚禿釈の親鸞」という意味合いで、そこに自在ということの獲得、こういうことが要求されている。

通じ合う世界

それだけで、人間は満足するのかというと、それだけではないですね。この二十九種の荘厳の中でも、特に一つだけ触れておきたいと思いますのは、眷属功徳《けんぞくくどく》というものを出している点です。眷属というこの字には、目という字が入っています。つまり、振り返ってすぐに目に入る間柄のことを言います。振り返ったら、すぐに見つかる相手、そういうものを眷と言います。つまり一番親しい関係ですね。夫婦であれば、振り向いたら、すぐに相手が居る。親子も、振り向いたら、すぐそこに親なり子が居る。そういう点で、眷属というのは、最も親しい間柄を表す言葉です。こういう眷属功徳というものを、国土荘厳の中に取り上げられてくるわけです。

『浄土論』の偈文でいえば、「如来浄華衆《にょらいじょうけしゅ》、正覚花化生《しょうがくけけしょう》」というところですね。「如来浄華《じょうけ》の衆《しゅう》は、正覚《しょうがく》の花より化生《けしょう》せり」という、この文についての曇鸞大師の註がよく知られています。曇鸞大師は、「同一に念仏して別の道なきがゆえに」と言われ、

「遠く通ずるに、それ四海の内みな兄弟とするなり」という『論語』の言葉を引かれて、この眷属功徳ということを言われます。

この眷属功徳を、親鸞聖人は『教行信証』の中で三回引いている。「行巻」に、七祖の伝統のまとめの御自釈があって、その後に、「かの安楽国土は、阿弥陀如来の正覚浄華の化生するところにあらざることなし」という言葉に続いて、「同一念仏無別道故」と引かれるわけです。そして「証巻」のところで、やはり眷属功徳の言葉が引かれます。そして「真仏土巻」にいきまして、親鸞聖人は、往生とはどういう意味なのかというと、「同一念仏無別道故」ということだ、「同一に念仏して別の道なきゆえに」というのは、往生ということを表すと言われておる。我々の感じでは、往生というと、どうしても個人的な言葉のように考えます。ところが、往生を「同一念仏無別道故」というのですから、どうも個人だけの問題じゃないです。複数を予想させる言葉を使って、往生という意味を表す。こういう領解をしていらっしゃいます。そもそも眷属功徳というようなことが、なぜ国土の荘厳として出されてきたのか。先程からの流れでいうなら、それは我々の何の要求に応えようとしたのか。我々にはよくわかりませんけれども、その要求があるかどうかもわかりませんけれども、我々の要求に一つの形を与えた。そうすると、それは人間が通じ合うということの持つ喜びです。通じ合いたいという要求ですね。先程の「ここに自ら在り」と言われること、それも深い喜びである。人間の持っている深い要求である。それに南無阿弥陀仏ということで応えられた。それだけなのかというと、そうじゃない。そこに南無阿弥陀仏ということで通ずるという、また深い要求があることを知らされてきた。通ずるということを、我々の身近な経験の上で具体的に言うなら、韓国語であれ、英語、独語であれ、片言でも通ずるということがある場合、どういうわけか、喜びになるんです。通ずると、うれしいわけです。

テレビのコマーシャルで、日本人が韓国の店で日本語でしゃべると、けげんな顔をされて、戸惑いますね。そして韓国語に翻訳できる機械があって、それを使うと韓国語が出てくる。そうすると急に場面が変わって、店の人もわかってくれて、うまく注文できた。そういうコマーシャルがありますね。ああいうのは、通ずるという問題をうまく利用したわけですね。通じなかったら、けげんな顔をするより他ないんですね。

「あいつは何を言いたいんだ」ということになります。

つい最近、花巻《はなまき》に行く用事があって、温泉が会場になったんです。その温泉は、旅館部と自炊部に分かれとるんですね。要するに、自炊して長いこと湯治《とうじ》できるような場所があるんです。そこの温泉は不思議な温泉で、入ると胸のあたりまでの深さになっていて、立っていなければいかんわけです。座って足を伸ばすのではなく、丸い円形になっているところに立っていて、縁《ふち》の方に手をかけて、なにかトンボが水辺にいるような感じの格好なんです。私が着きますと、「温泉があるから入ってきたらどうか」と言われて、スーツを着、ネクタイを締めたままの姿で、タオルだけ持って行ったんです。すると中に入っている人たちは、実にけげんな顔をするわけです。表情から見て、「何を考えているんや、ここは風呂場だぞ」という感じです。どうも歓迎されていないないという感じを受けたのですけれども、おもしろそうな温泉だと思って、入ったんです。自炊部の人たちはここで湯治しているのですから、寝巻を着ているか何かして、それなりの格好で来ているわけです。スーツを着て、そのような温泉に来る人はいないので、そういうことから言えば、拒否されているような感じなのです。入った時に、何か白々《しらじら》しい雰囲気が流れまして、「何者か」という感じでした。

どうも、この通ずるということをもって、何か満たされてくるわけです。我々の生きているということは、通じないということがあった場合には、まことに苦痛である。こういう点は、老人医療の問題とか、そういう形で出てきています。だんだん通じなくなる。通じていこうという努力すらも、何か嫌になってくるわけです。ですから、医療の問題も通ずるという問題です。

そういうことを教えてくれたのは、子どもが教えてくれたのです。遠足に行って、全然違う学校の子どもたちと、ある公園で出会ったというわけです。その公園の様子が、国語の教科書に載っている山の吊《つ》り橋《ばし》の場面とよく似ていたそうです。その違う学校の子どもが、「あっ、山の吊り橋のようだ」と言った時に、それを聞いた子どもが、「あっ、自分と同じことを勉強しているんだ」ということがわかって、その子の表情が、とても楽しくなったというわけです。こういうところに、通ずるということのもっている意味があるのですね。これが満たされるというと、そこに深く喜ぶという問題があると思います。

親鸞聖人が信心の表現に、至心《ししん》、信楽《しんぎょう》、欲生《よくしょう》という三つの言葉の字訓を施していますけれども、特にその中の信楽という言葉には、楽しいという字があります。そこに「歓喜賀慶」とか「愛悦」という、非常に深い喜びを表す言葉が出てまいります。また信ずるという言葉の中には、満足するという字も出てまいります。そして欲生釈のところにいきますと、「成作為興」という言葉が出ます。欲生の欲という字は「願楽覚知」という意味だけれども、生という字は「成作為興」だと、成す、作る、為す、興すと、何か作っていく喜びという意味を持つというわけです。もう一つ願楽決定という形で、欲生ということを親鸞聖人は言うわけです。そこに「成作為興」、人間が作っていくという要求ですね。これは昨日言いましたように、お寺の仕事は、言われてしているのですから、waiting ですから、「成作為興」にならないわけです。なるほど、お参りに行けば、お勤めは自分が主人公でやるわけですけれども、日程を消化しているようなありさまです。欠けているのは、この成す、作る、為す、そして興すということです。要するに、意欲ですね。こういうものが満たされないものですから、やっていることはやっているのですけれども、そして、それによって食べることは食べられるのですけれども、なんとも半端なものを感じている。要求が満たされていないわけですね。

衆生の要求と如来の本願

少し話が横へそれましたけれども、この眷属功徳ということで、そこに通ずるということの喜びですね。人間は自ら在りということを要求している存在だけれども、それと同じく、通じ合うという要求を持っている。なぜそういうことになるのかという時に、南無阿弥陀仏ということの法は、一人として路傍の人なしということが根本になっている。そのことにふれたなら、その法ということがもとになって、一人として路傍の人なしということを知ることができた。これが、ここに自ら在りという自在の問題です。しかしそれは、法において在り得たことですから、法ということをもとにするなら、他の存在もまた路傍の人なし、その点で同一の法です。同一念仏とか同一の法によって、自主ということが成り立つと同時に、通ずるということが成り立つ。

そういう要求を、我々は持って生きている。そういう要求に応えておるものが、南無阿弥陀仏という名号だ。我々がそういうことに触れ得るということが出てきた時に、同時にこういう問題が我々の課題となる。

どんな問題であるかといえば、一人として路傍の人なしということが、我々に知れてくるなら、当然の課題として、路傍の人を作ってはならない、路傍の人があってはならない、路傍の人を生み出してはならない。そういう課題を持って生きていこうと歩む。自在、通ずるという要求が満たされてきた時に、そこから改めて我々に出てくる問題ですね。路傍の人を作ってはならない、生み出してはならない、そう言っている本人が、知らないうちに路傍の人を作っているかもしれないし、生み出しているかもしれない。社会の中に、明らかに路傍の人を作っている、生み出しているということについては、目をつぶらない。自分の場所場所の所で、食べるということだけを要求して、人間は生きているのではない。そんな浅い存在じゃない。

自在、そして共通するという要求を、人間は満たそうとして生きている。そうであれば、路傍の人を作ったり生み出したり、自らにおいても他においても、この世においても、あってはならないことである。そのことを、自分の置かれている場所場所のところで意欲していく、課題として生き続ける。そういう意味を表わそうとして、菩薩の荘厳というものが、『浄土論』に取り上げられているかと思うんです。

最初に申し上げておりましたように、お寺の生活をしていながら、どうも問題を感ずる。どのように捉えればよい問題なのかということで話が出されました。そういうことのもとを尋ねていくと、どうも本願という問題に根を持っているのではないか。その本願は、仏とか如来という側の問題でもありますし、仏・如来から言うなら、それは本願です。しかし、我々からすれば至盛の要求ですね。どんなことになったら満たされるかわからないような要求。我々では要求ですが、仏にあっては本願です。そういうことが、南無阿弥陀仏によって、その要求が応えられてくるということを表してきたのが、真宗の歴史と言われるものだと。

特にその中でも、『浄土論』『浄土論註』というものを手がかりとして、我々の要求が満たされるだけでなしに、新たに課題を見出し、そして、それを意欲していく。そういうものまで開こうとしてきたところに、本願の歴史があり、真宗の歴史ということがある。それはそのままで、人間が求め続けておるもの、どうすれば人間が生きることを全うしえるかということに応えようとしてきた歴史でもある。

もとより十分ではありませんでしたけれども、本願と意欲ということで、考えさせられてきたことを、少しお話申し上げたわけです。

あとがき

この講義は、一九九四年二月の、大阪教区伝研の会主催、第九回自主伝道研修会における、平野修先生の四回の講義の記録です。

この研修会は、かつて本山で開催されていた伝道研修会を受け継いで、一九七八年から大阪教区で自主伝研として二年ごとに開いていますが、この時は、五人の受講生とスタッフにより、難波別院堺支院を会場として、四日間の研修を行ないました。

平野先生とは、伝研の会としては初めてのご縁でした。大阪教区へは、聖典講座や教化センターの講座にご出講いただいておりましたが、伝研の会にとっては、貴重な一回限りの出会いとなってしまいました。

テーマ「本願と意欲」は、こちらから出したものですが、私たち寺院に生活する者が、いつの間にか逮夜まいりの中に埋没し、意欲を失ったり、方向性を見出せずに何か悶々としている。また自己関心に執われ、他との開かれた世界に出て行けない。そういう状況を開いていけるものをつかみたいということで、取り組んだものです。

念仏、本願、仏という非常に大事な、また基本的なことを、おさえていただきました。私たちも、何度も繰り返し学ぶべく、また他の方々にもお伝えしたいということで、伝研の会で、一九九八年に出版を企画しました。あまり宣伝は致しませんでしたが、各教区の駐在さんを中心に勧めていただいた結果、あっという間に在庫がなくなってしまい、お断わりした方もありました。それだけ平野先生のご本を、皆さんが求めておられるんだなと、改めて驚くと同時に、先生の早すぎた還浄が、いまさらながら残念に思われました。

このたび、販売にご協力いただいた法蔵館より、いい本なので再版させてほしいとのお申し出があり、私たちとしても、より多くの方々の目に触れるようにと、喜んでおまかせすることになりました。再版に際して、編集部の方で字句の変更を加えていただきました。

最後に、本になるまでにお世話になった方の名を記しておきます。最初の平野先生へのご依頼から、交渉を進めていただいた池田剛、テープ起こしの藤原憲、小松崇、當麻宏文、深沢光の各会員、研修会を支えて下さった会員諸氏、そして出版にご協力いただいた奥様平野安子様に感謝致します。また法藏館の和田真雄氏にお世話になりました。

二〇〇〇年二月

大阪教区伝研の会

平野　修（ひらの　おさむ）

1943(昭和18)年石川県に生まれる。大谷大学大学院博士課程を経て、1991年まで九州大谷短期大学教授。1995年9月示寂。
著書　『浄土の問題』―世界と聚り（金沢教区教化委員会）
『鬼神からの解放』（上・下）―化身土巻（難波別院）
『浄土論註講義』（一・二）―論註の基礎（六道会）
『民衆のなかの親鸞』―同朋選書18（東本願寺出版部）
『真宗の教相』正・続（法藏館）
『親鸞からのメッセージ』（全5巻）（法藏館）
その他多数

本願と意欲

二〇〇〇年四月二〇日　初版第一刷発行
二〇〇二年四月三〇日　初版第二刷発行

著　者　平野　修
発行者　西村七兵衛
発行所　株式会社　法藏館
京都市下京区正面通烏丸東入
郵便番号　六〇〇-八一五三
電話　〇七五-三四三-〇〇三〇（編集）
〇七五-三四三-五六五六（営業）

印刷　リコーアート・製本　清水製本

ISBN4-8318-8638-6 C0015